Une collection dirigée par Jean-Luc Caron

Pascal Chauvel

Illustrations de
Armelle Drouin et Marie-Hélène Tran-Duc

Découverte du monde : la matière et le vivant

GS-CP

- Le respect de l'environnement
- Les manifestations de la vie végétale et animale
- Le corps humain
- L'eau et l'air
- Les règles d'hygiène et de sécurité

RETZ
www.editions-retz.com
9 bis, rue Abel Hovelacque
75013 Paris

SOMMAIRE

Direction éditoriale : Sylvie Cuchin
Édition : Charlotte Aussedat
Mise en page : Domino
Corrections : Gérard Tassi
Recherche iconographique : Clémence Zagorski

ISBN : 978-2-7256-2843-1

N° de projet : 101577835 - Dépôt légal : septembre 2009
Achevé d'imprimer en France en mars 2011
sur les presses de l'imprimerie Chirat

Fiches 1a et 1b : Le tri des déchets

Objectifs

– Comprendre pourquoi on trie les déchets.
– Apprendre à trier ses déchets.

Déroulement

La fiche comporte deux parties :

– le tri des déchets ménagers issus du quotidien (fiche 1a) ;

– le tri des déchets dans une déchetterie (fiche 1b), qui concerne des produits plus spéciaux, qu'ils soient toxiques (piles, peintures, huiles de vidange…), volumineux (gros cartons, longues branches…) ou à recyclage spécifique (ordinateurs, appareils d'électroménager…).

Fiche 1a : à la maison

Cette fiche est à réaliser en phase de synthèse suite à un travail sur les déchets. Elle permet de mémoriser les principales règles de tri.

Tout d'abord, il s'agit de bien comprendre qu'il existe deux catégories de déchets : ce qui est recyclable (et doit être trié) et ce qui n'est pas recyclable.

Le tri courant s'effectue à la maison à l'aide de la poubelle normale et des caisses ou poubelles fournies par l'organisme de collecte des ordures. Des couleurs spécifiques à chaque poubelle sont adoptées dans les communes : il convient à l'enseignant de les préciser.

Dans la poubelle normale sont jetés tous les déchets **non recyclables**, tels que les emballages ou pots en plastique, certains restes de repas (os, papiers gras…), des morceaux de verre ou de vaisselle...

Tous les autres déchets, **recyclables**, doivent être triés :

a. Bouteilles en plastique (eau, lait, jus, lessive), briques (lait, jus…), papiers (magazines, journaux, prospectus), cartons d'emballages, canettes en aluminium, boîtes de conserve : ils sont déposés dans une poubelle spécifique (généralement jaune).

b. Bouteilles en verre, bocaux : ils sont mis de côté puis jetés dans des containeurs spéciaux mis à disposition dans les communes ; parfois la collecte de verre se fait directement à la maison, dans une caisse ou une poubelle spécifique (généralement bleue ou blanche).

c. Lorsque cela est possible, les débris végétaux (épluchures, restes de repas…) sont recyclés dans un bac à compost situé dans le jardin ; dans le cas contraire, ils sont jetés dans la poubelle classique, qui est en général verte (c'est l'option, plus fréquente, adoptée sur la fiche).

d. Les piles, elles, sont mises de côté (dans une caisse) pour être ensuite apportées dans une déchetterie ou dans un magasin qui les recycle.

Fiche 1b : à la déchetterie

Les enfants vérifient dans cette fiche leurs connaissances sur le tri des déchets ménagers.

Après un dialogue avec la classe sur le devenir des autres déchets non évoqués précédemment (gros objets, produits toxiques, appareils d'électroménager…), l'existence et le rôle des déchetteries est abordé. Ces dernières permettent de trier et recycler des déchets trop volumineux ou dangereux pour une poubelle classique.

On y distingue différentes zones de tri, qui varient selon les communes :

– récupération des déchets organiques volumineux : végétaux issus de la taille des haies, des tontes de pelouse ;

– récupération des gravats : parpaings, plâtres issus de chantiers ;

– récupération du bois : meubles, planches ;

– récupération des métaux ;

– récupération des appareils électriques : électroménager, ordinateurs, téléviseurs… ;

– récupération des peintures et produits chimiques ;

– récupération des huiles de vidange ;

– récupération des piles ;

– récupération des cartons et papiers ;

– récupération des objets divers, correspondant à la zone où sont jetés tous les déchets non recyclables : meubles qui ne sont pas en bois, plastiques, débris de chantier…

La fiche est réalisée en phase synthèse. Les différentes zones de tri ont été volontairement simplifiées pour une meilleure mémorisation.

Corrigés

Fiche 1a

– Poubelle ❶ : canette (en aluminium), magazine, bouteille en plastique, boîte de céréales (en carton).

– Poubelle ❷ : bouteille en verre, pot de confiture en verre.

– Poubelle ❸ : piles.

– Poubelle ❹ (ou caisse) : restes de repas, épluchures, pot de yaourt.

Fiche 1b

– Zone « gravats » : parpaings, carrelages cassés.

– Zone « déchets toxiques » : solvants et colles, pots de peinture.

– Zone « piles, batterie » : piles.

– Zone « cartons, papier » : gros cartons, journaux.

– Zone « encombrants » : canapé, télévision.

– Zone « débris végétaux » : branches.

Fiches 2a et 2b : En combien de temps disparaissent les déchets ?

Objectif

Comprendre qu'il est important de ne rien jeter dans la nature car les déchets mettent beaucoup de temps à se dégrader.

Déroulement

Suite à un dialogue avec la classe et/ou après des recherches, faire retenir aux enfants les éléments suivants :

– Les déchets organiques (issus du vivant, animal ou végétal) sont les plus rapides à se dégrader. Il suffit en général de quelques mois. Toutefois, un morceau de pain disparaît très vite (en moins d'un mois, car il est mangé par des animaux), alors qu'une pelure d'orange met plusieurs mois.

– Les autres déchets se dégradent beaucoup plus difficilement et leur échelle de temps de dégradation est plutôt de l'ordre de la dizaine, voire de la centaine d'années !

Réaliser ensuite la fiche qui permet une synthèse des connaissances sur la durée de vie des déchets.

Dans cette fiche, l'échelle des temps est représentée par la durée de vie de certains êtres vivants (traduire, pour les GS, entre « peu de temps » et « beaucoup de temps »). Avant le travail individuel, bien expliquer aux élèves à quoi elles correspondent :

- 1 mois = la mouche ;
- 1 an = la guêpe ;
- 10 ans = le chien ;
- 100 ans = la tortue de terre ;
- 1000 ans = le chêne.

Les enfants, individuellement ou en groupes, découpent les étiquettes situées sur la fiche 2b, puis collent, en face de chacun des déchets de la fiche 2a, la vignette qui convient (la difficulté est de choisir la bonne échelle de temps) autant de fois que nécessaire.

Corrigés

- Chewing-gum : 5 ans, soit 5 guêpes.
- Épluchure d'orange : 1 an, soit 1 guêpe.
- Boîte de conserve : 50 ans, soit 5 chiens.
- Morceau de pain : 1 mois, soit 1 mouche.
- Bouteille en verre : 4 000 ans, soit 4 chênes.
- Canette en aluminium : 400 ans, soit 4 tortues.
- Emballage de barre de céréales (en aluminium souple) : 6 mois, soit 6 mouches.

Fiches 3a, 3b et 3c : Le carnet du petit écologiste

Objectif

Réaliser un « carnet du petit écologiste » afin de sensibiliser les enfants à la sauvegarde et à la protection des ressources naturelles de la planète.

Déroulement

Ces fiches interviennent dans le cadre d'une séquence sur le développement durable. On distinguera quatre principaux moyens de protéger notre environnement : préserver l'énergie, économiser les ressources naturelles (et notamment l'eau), trier les déchets pour recycler et faire attention à ne pas polluer l'environnement proche.

Réaliser le carnet après quelques séances qui ont présenté les différents gestes à effectuer :

- à l'école ;
- à la maison ;
- en dehors de l'école et de la maison (dans la nature).

Le carnet comporte six pages au format A5 (fiches 3a, 3b et 3c à découper en format A5 ; pour les plus jeunes, il est possible d'agrandir au format A4 ou A3 afin de faciliter le remplissage des tableaux) : soit elles sont agrafées directement sur les côtés, soit elles sont collées sur du papier bristol (plus solide), puis reliées par des agrafes ou de la ficelle. Pour faciliter le repérage, il est possible de faire colorier les cases « à la maison », « à l'école » ou « dans la nature » d'une couleur différente.

La liste des différentes attitudes écologiques représentées n'est pas exhaustive : elle prend en compte les principaux gestes, indispensables à connaître et faciles à réaliser au quotidien. Il est important que chaque enfant les ait bien identifiés : l'enseignant prend du temps, au besoin, pour les expliquer.

Les tableaux sont à compléter au fur et à mesure, sur une semaine. Dès que l'enfant a réalisé dans sa journée un « geste écologique », à la maison, à l'école ou dans la nature, il met une petite croix dans la case qui convient (ou une barre verticale, ce qui prend moins de place). Ainsi, il prend conscience de l'importance de ces gestes. Ce carnet est à garder pour rappeler régulièrement les réflexes à systématiser.

Fiche 3a : à la maison

Les deux premières pages portent sur les gestes que chacun peut réaliser à la maison. Ils sont « lus » collectivement dans les tableaux :

– **Je préserve l'énergie** : j'éteins les lumières quand je quitte une pièce ; je mets un pull en hiver et baisse le chauffage avec l'aide d'un adulte ; je ne laisse pas les portes et les fenêtres de la maison ouvertes lorsqu'il fait froid ; j'éteins les appareils électriques sans les laisser en veille…

– **J'économise l'eau** : je ne laisse pas l'eau couler trop longtemps ; j'utilise convenablement la chasse en sélectionnant la quantité d'eau nécessaire (j'appuie sur le bouton du petit débit de la chasse d'eau quand il y en a un); je me rince les dents en mettant de l'eau dans un verre; je prends une douche plutôt qu'un bain. L'enseignant peut ajouter oralement : j'utilise le lave-vaisselle (lorsque cela est possible) plutôt que le lavage à la main (il est important de savoir qu'il est plus économique d'avoir un lave-vaisselle ; nous ne l'avons pas ajouté dans le tableau parce que cela ne concerne pas tout le monde).

– **Je trie les déchets** : (rappeler tout d'abord qu'on ne jette dans la poubelle que ce qui n'est pas recyclable) je mets de côté le verre ; je dépose dans le bac spécifique au recyclage les magazines et journaux ou le papier, les bouteilles en plastique (eau, jus, lait…), les emballages en carton (briques, boîtes…), les emballages « métalliques » (canettes en aluminium, boîtes de conserve)… ; je recycle (lorsque cela est possible) les déchets organiques dans un bac à compost situé dans le jardin ; nous allons à la déchetterie pour les déchets recyclables que nous ne pouvons pas jeter dans des poubelles spécifiques (bois, meubles, appareils électriques…).

Pour le tri des déchets, on peut également se reporter à la fiche 1.

Afin que ces deux premières pages soient faites sérieusement, il faut impliquer les parents en leur demandant, par le biais d'une réunion ou d'un mot écrit, de bien vérifier que ces actions ont été effectivement réalisées.

Fiche 3b : à l'école

Les pages 3 et 4 portent sur les gestes réalisés à l'école et pourront donc être effectués sous le contrôle de l'enseignant. Ils sont là encore « lus » d'abord collectivement dans les tableaux :

– **Je préserve l'énergie** : j'éteins la lumière des toilettes, de la classe, des couloirs ; je ferme les portes en hiver ; j'éteins les appareils électriques.

– **J'économise l'eau** : je ne laisse pas les robinets ouverts ; je ne tire pas plusieurs fois la chasse d'eau.

– **Je trie les déchets** : je dépose ce qui peut être recyclé dans les bacs prévus à cet effet : les papiers et revues, les piles usagées, les bouchons en plastique de tout type de bouteille, les bouchons en liège.

Ces boîtes ou poubelles sont à disposer, dans la classe ou dans l'école, par l'enseignant qui peut y ajouter les pictogrammes proposés sur la fiche ou des couleurs afin de bien les distinguer.

– **Je ne pollue pas mon environnement** : je ne jette pas mon chewing-gum par terre ; je ne jette pas de papier par terre.

Fiche 3c : dans la nature

Les pages 5 et 6 concernent les gestes réalisés en dehors de la maison et de l'école, notamment dans la nature. Les consignes sont « lues » oralement :

– **Je préserve l'énergie** : il faut diminuer sa vitesse en voiture pour baisser sa consommation d'énergie (exemple montré par un adulte) ; je prends le bus pour aller à l'école ou j'y vais à pied lorsqu'elle est proche ; je vais à pied aux commerces de proximité ; je prends mon vélo plutôt que la voiture pour faire une course.

– **Je ne pollue pas mon environnement** : je ne jette aucun déchet par terre ; je ramasse les objets qui traînent et je les trie pour le recyclage (par exemple, les bouteilles en plastique ou en verre, les emballages en carton… sont à mettre dans une poubelle spécifique ; le sac en plastique dans une poubelle traditionnelle) ; je ne jette rien dans les mares ni les rivières.

L'enseignant peut également ajouter : il faut signaler aux autorités les grosses pollutions (décharges sauvages, carcasses de voiture, dépôt de gros objets non biodégradables autre part que dans un centre de tri…).

Cette partie se fera là encore avec l'aide des parents qui en auront été informés par un mot ou une réunion.

Fiche 4 : Vivant ou non vivant ?

Objectif

Comparer des êtres vivants (animaux et végétaux) à des éléments non vivants, afin de faire ressortir les critères qui définissent le vivant.

Déroulement

Matériel

– Vivant : un petit animal (cobaye, chat, lézard, insecte…), une plante, un coquillage vivant (huître, moule...), un fruit.

– Non vivant : une pierre, un robot de cuisine (ou autre appareil électroménager), un fossile de coquillage, une voiture télécommandée (ou autre jouet qui « bouge »), un instrument de musique, des aimants ou des billes.

Les enfants sont invités à classer en deux groupes, vivant et non-vivant, les éléments qui leur sont présentés. La recherche se fait par petits groupes. Puis chaque groupe expose son classement et justifie ses choix. À partir de ce classement, une discussion est engagée dans la classe afin de mettre en évidence les critères qui permettent de différencier le vivant du non-vivant, autrement dit les actions qui caractérisent ou non le vivant. Si les enfants peinent à trouver des critères, l'enseignant peut en donner quelques exemples : bouger, produire des sons, grandir, etc.

Certaines contradictions sont alors mises en évidence : « Le coquillage n'est pas vivant car il ne bouge pas. » Le mouvement est alors choisi comme un critère du vivant.

L'enseignant ou un élève fait remarquer : « Du coup que fait-on de la voiture télécommandée qui, elle, peut bouger mais n'est pas vivante ? » Le mouvement n'est donc pas un critère spécifique au vivant ; donner l'exemple des végétaux qui sont vivants mais ne bougent pas. Revenir au coquillage, en précisant qu'il est vivant. Amener les élèves à trouver pourquoi il est vivant : il se reproduit. D'autres critères erronés peuvent être cités : le fait d'émettre des sons, de la lumière... L'enseignant complète, corrige ou précise les réflexions.

À l'issue de la discussion, voici les critères, spécifiques au vivant, à dégager :

– **La croissance** : tout être vivant grandit et se transforme.

– **La reproduction** : tout être vivant est capable de se reproduire et donc d'avoir des petits. Chez les végétaux, ce sont les graines (plantes à fleurs), les spores (fougères, mousses).

– **La nutrition** : pour vivre, les êtres vivants ont besoin de nourriture et d'eau. Ils les trouvent dans le milieu où ils vivent (nourriture et eau pour les animaux, eau par les racines pour les végétaux) ou le fabriquent eux-mêmes (nourriture à l'aide de la lumière du soleil pour les végétaux).

– **La respiration** : animaux et végétaux consomment du dioxygène lors de la respiration afin de produire l'énergie nécessaire à leur bon fonctionnement. Ce dernier critère étant difficile à aborder à ce niveau, il ne sera pas expliqué. Il est toutefois possible de le citer.

La fiche permet une synthèse (ou une évaluation) de la séance, en mettant en évidence les critères spécifiques au vivant et ceux qui ne le sont pas.

Sur la gauche de la fiche sont présentés différents critères supposés du vivant. Pour les CP, ils ont été écrits. S'assurer que les élèves non lecteurs les ont bien compris. En se remémorant ce qui a été dit durant la séance, les enfants colorient en vert les critères caractéristiques du vivant (repréciser au besoin qu'il ne faut colorier que ce qui détermine seulement le vivant).

Dans un second temps, les élèves relient les éléments représentés à droite de la fiche aux critères qu'ils possèdent, ce qui permet de constater qu'un être vivant possède toujours les trois critères du vivant (croissance, nutrition, reproduction) et parfois d'autres (mouvement, son), alors que les éléments non vivants ne présentent jamais ces trois critères. La pierre, par exemple, ne possède aucun critère.

Ils colorient en conclusion les êtres vivants en vert, ceux qui ne le sont pas en rouge.

Corrigés

1. Sont coloriés en vert les pictogrammes : « je grandis » ; « je me nourris » ; « je nais ».

2. Cheval → tous les critères.
Pierre → aucun critère.
Arbre → « je grandis », « je me nourris », « je nais ».
Robot → « je bouge », « je produis des sons ».
Étoile de mer → « je grandis », « je me nourris », « je bouge », « je nais ».

3. Sont coloriés en vert : le cheval, l'arbre, l'étoile de mer. Sont coloriés en rouge : la pierre, le robot.

Fiches 5a et 5b : Du début de la vie à l'age adulte

Objectifs

– Comprendre que les êtres vivants grandissent et se reproduisent.
– Connaître les différentes étapes de la naissance à l'âge adulte (âge de la reproduction).

Déroulement

Cette fiche s'inscrit dans le cadre d'une étude sur les différentes étapes qui constituent le développement des êtres vivants. Elles vont de la naissance (hommes, animaux), ou la germination (végétaux), jusqu'à l'âge adulte. Elle peut servir de point de départ ou de synthèse à cette séquence.

Les enfants sont amenés à retrouver, parmi une série d'images mélangées, les quatre étapes qui vont de la « naissance » à l'âge adulte chez trois êtres vivants : un animal, un végétal et l'homme.

Chaque enfant découpe les étiquettes de la fiche 5b et essaie de les trier en fonction de l'espèce étudiée. Puis, pour chaque espèce, il classe les quatre cartes de la série dans l'ordre logique de la naissance à l'âge adulte.

Il les place ensuite sur la fiche 5a, dans les cases correspondant à la bonne espèce. Les étiquettes ne sont collées qu'après validation.

Prolongement
Il est possible d'égayer le résultat en coloriant de couleur différente chacune des espèces.

Corrigés

– La vieille poule : images de l'œuf, du poussin, de la jeune poule, de la poule adulte.
– Le vieux pommier avec des pommes : images du pépin seul, du pépin qui germe, de la jeune pousse, du pommier en fleurs.
– Le vieil homme : images du bébé, de l'enfant, de l'adolescent, du jeune adulte.

Fiches 6a et 6b : Je classe les petits animaux

Objectif

Comprendre le principe d'un classement en utilisant des critères simples pour catégoriser les petits animaux.

Déroulement

Fiche 6a

L'enseignant distribue la fiche aux enfants et explique comment elle fonctionne. Le point d'interrogation représente l'animal que l'on veut classer au départ ; il invite chacun à s'interroger sur le type de classement. Les élèves doivent ensuite comprendre que chaque dessin va leur permettre d'avancer dans leur classement.

Les premiers dessins amènent à se demander si l'animal a des pattes ou non. S'il n'en a pas, il fait partie de la famille des **vers**. S'il en a, il faut les compter :

– 6 pattes, c'est un **insecte**.

– 8 pattes, c'est un arachnide. Pour simplifier, on peut parler d'**araignée**.

– Plus de 8 pattes, c'est un **mille-pattes**.

Le plus ludique est de présenter quelques-uns de ces animaux en classe et de les faire observer à l'aide de loupes.

Une fois que les enfants ont bien compris cette clé de détermination simplifiée, ils découpent les étiquettes. Ils trouvent à quelle famille appartient l'animal illustré et le placent dans le schéma. Une fois la validation effectuée, ils les collent dans les bons cadres et les colorient comme indiqué sur la fiche 6b. Une relecture collective permet de bien faire mémoriser le principe de classement.

Fiche 6b

Lorsque les différents critères rencontrés en fiche 6a et le principe de classement semblent bien assimilés, ils réalisent cette fiche, individuellement.

Corrigés

Fiche 6a

0 pattes : ver de terre ; 6 pattes : scarabée ; 8 pattes : araignée ; plus de 8 pattes : mille-pattes.

Fiche 6b

Colorier en :

– rouge : le papillon (dessin 2), la fourmi (dessin 4) et la sauterelle (dessin 7).

– marron : le scorpion (dessin 3), la mygale (dessin 5) et l'acarien (dessin 8).

– jaune : le ver marin (dessin 1).

– bleu : la iule (dessin 6) et le scolopendre (dessin 9).

Fiche 7 : Comment se déplacent les animaux ?

Objectif

Découvrir les différents moyens de locomotion utilisés par les animaux.

Déroulement

La fiche peut être utilisée soit pour faire une synthèse sur les différents modes de déplacement des animaux, soit pour les découvrir.

Dans le cas de la découverte, elle est à utiliser au début d'une séance sur les déplacements des animaux et sert de support à différents types de recherches sur le sujet.

Dans le cas de la synthèse, elle est à utiliser suite à l'observation de films ou de photographies, de travaux de recherche. Elle permet alors de mémoriser les modes de déplacement, mais aussi les parties de l'animal qui interviennent dans ce déplacement.

Faire observer les dessins de gauche qui représentent des silhouettes humaines reproduisant les différents modes de déplacement. Les enfants qui ne savent pas lire trouvent le verbe associé au déplacement puis entourent d'une couleur différente chacune des images, comme indiqué dans la consigne. Pour plus de facilité, l'enseignant fait auparavant colorier le vocabulaire des couleurs (le mot *rouge* est colorié en rouge, le mot *jaune* en jaune, etc.).

Ils observent ensuite les dessins de droite et colorient sur chaque animal la ou les parties du corps qui permettent à l'animal de bouger. La ou les couleurs utilisées correspondent au mode de locomotion utilisé.

Pour finir, l'enfant relie chaque animal au(x) mode(s) de déplacement qu'il utilise principalement (pour le cheval, par exemple, « sauter » n'est pas faux mais ne correspond pas au type de déplacement caractéristique).

Corrigés

– Le cheval : les pattes sont coloriées en marron. Il est relié à « marcher » (ou « courir »).

– Le requin : les nageoires sont coloriées en bleu. Il est relié à « nager ».

– Le serpent : l'ensemble du corps est colorié en vert. Il est relié à « ramper ».

– Le kangourou : les pattes sont coloriées en rouge. Il est relié à « sauter ».

– L'autruche : les pattes sont coloriées en marron (les ailes ne sont pas coloriées car l'animal ne vole pas). Elle est reliée à « marcher ».

– La mouche : les ailes sont coloriées en jaune. Elle est reliée à « voler ».

– La sauterelle : les pattes sont coloriées en rouge et les ailes en jaune. Elle est reliée à « sauter » et « voler ».

Fiche 8 : Les différentes parties d'une plante

Objectif

Découvrir l'anatomie de deux plantes, une herbacée et un arbre, afin de maîtriser le vocabulaire qui leur est associé.

Déroulement

Au printemps, dans la cour de l'école, la classe observe un arbre et une plante herbacée (pissenlit, iris, tulipe…). Par groupe de trois ou quatre, les enfants essaient de trouver le nom des différentes parties de ces plantes, en s'appuyant sur leurs propres connaissances.

De retour en classe, les recherches sont mises en commun. Un élève désigné par chaque groupe nomme en les indiquant les différentes parties trouvées. Un bilan des connaissances est ensuite réalisé. On obtient :

– pour l'arbre : *tronc*, *écorce*, *branche*, *feuille*, *racine*, *fleur* ;

– pour la plante herbacée : *fleur*, *tige*, *racine*, *feuille* et éventuellement *pétale*.

Présenter ensuite les points communs entre les deux plantes : elles possèdent toutes deux des feuilles, des racines, des fleurs (même si, sur certains arbres, elles ne sont pas très visibles) constituées de pétales.

Les arbres possèdent un tronc recouvert d'une écorce, contrairement aux herbacées qui possèdent une tige.

En bilan, la fiche est complétée. Les enfants relient par un trait précis les différents organes isolés aux lieus où ils se situent sur la plante (arbre et/ou herbacée) avant de colorier les parties communes (dans la colonne de gauche). Pour les CP, l'enseignant peut faire écrire à côté des dessins les mots clés.

Prolongement

Selon le niveau de la classe et si les enfants le désirent, il est possible de regarder l'intérieur de la fleur et d'y observer le pistil au centre (organe femelle) et les étamines en périphérie (organes mâles).

Corrigés

1.

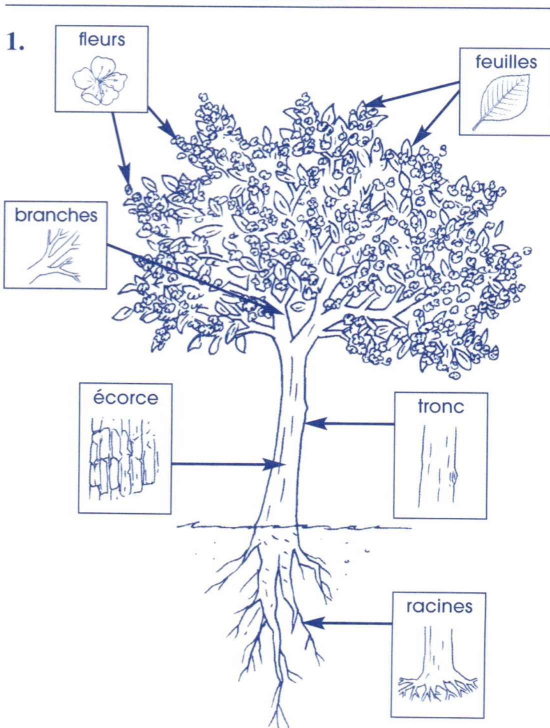

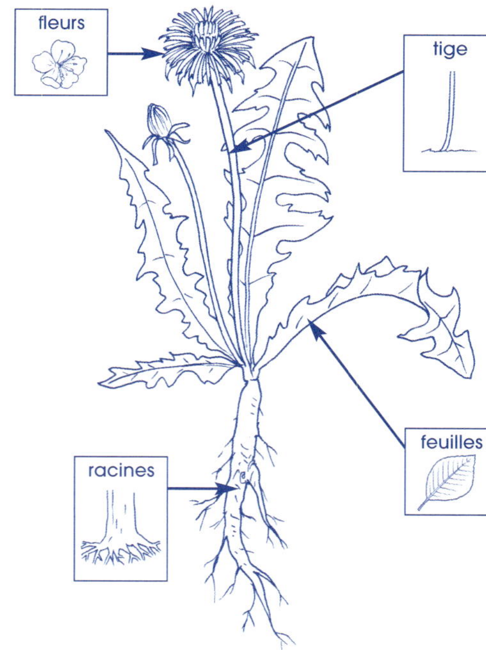

2. Les parties communes à colorier : feuille, fleur, racines.

Fiche 9 : Les différentes formes de feuilles

Objectifs

– Connaître les principales silhouettes de feuilles.

– Apprendre à les retrouver dans la nature.

Déroulement

NB : Il est conseillé de photocopier la fiche en l'éclaircissant au maximum pour garder les photos lisibles.

En classe, présenter tout d'abord les différentes formes de feuilles proposées sur la fiche. Les enfants observent bien le contour des feuilles. Nommer ensuite les arbres photographiés. Le nom des arbres aidera certains enfants à repérer la forme de la feuille, si sur la photo elle ne semble pas assez précise.

Puis demander de compléter la fiche. La recherche s'effectue en petits groupes. Demander de tracer des traits au crayon ; le passage au stylo se fera une fois la validation effectuée. Au besoin, proposer aux enfants de faire des recherches dans les livres disponibles en classe et de s'aider de leurs connaissances.

Pour la validation, il serait préférable d'organiser une sortie dans un parc ou en forêt : les enfants sont en possession de leur fiche et doivent retrouver les arbres photographiés afin de vérifier la forme de leur feuille.

Si une sortie ne peut être effectuée, la validation se déroule en classe : l'enseignant est allé lui-même récolter des feuilles qui correspondent. Il peut en présenter d'autres à cette occasion : le marronnier pour la feuille composée, le pommier pour la feuille simple, etc.

Une autre forme peut être ajoutée : la feuille dentée (par exemple, celle du peuplier).

Prolongement

Lors de la sortie en forêt, récolter les feuilles des arbres photographiés sur la fiche et d'autres feuilles, afin d'obtenir un échantillon pour chaque type de feuille. Les sécher à plat puis les coller par forme. Un herbier est ainsi constitué.

Une recherche peut alors être envisagée sur les arbres présentés, leurs graines et leurs fruits, leur forme…

CORRIGÉS

– Feuille lobée : chêne.

– Feuille simple : hêtre, tilleul.

– Feuille découpée : érable, platane.

– Feuille composée : robinier.

Fiche 10 : À qui est-ce ?

OBJECTIF

Apprendre à reconnaître des « traces » laissées par les êtres vivants dans la nature.

DÉROULEMENT

Dans la nature, les êtres vivants laissent des « traces » au sens large (empreintes, habitat, restes d'êtres vivants…) de leur présence.

Après une sortie durant laquelle on aura pu observer ces traces ou tout simplement après des séquences sur l'étude de milieux, d'animaux, de plantes, la fiche est réalisée en bilan, comme une synthèse sur le sens de l'observation des enfants.

La fiche est à effectuer comme une enquête, individuellement ou en groupe : les élèves observent les différentes traces présentées sur la fiche et font des recherches à partir de leurs connaissances, puis dans des livres, sur Internet, etc. Préciser qu'un même être vivant peut être à l'origine de différentes traces ! S'assurer que tous les éléments de la fiche ont bien été identifiés avant la phase de recherche. Au besoin, faire écrire par les CP les noms des êtres vivants.

Une fois la validation effectuée, chaque élève colle les étiquettes face à l'être vivant qui est à l'origine de la trace illustrée.

CORRIGÉS

– Pinson : nid.

– Sanglier : empreinte, crottes.

– Écureuil : pomme de pin rongée.

– Chêne : feuille de chêne, gland.

– Araignée : toile.

– Pin : pomme de pin, aiguille.

Fiche 11 : La graine de haricot

OBJECTIF

Observer une graine de haricot, puis une série de graines en germination afin de comprendre quel va être le rôle des différentes parties qui la composent.

DÉROULEMENT

Matériel

Des graines de haricot blanc (en vente dans les supermarchés : haricots blancs secs) à différents stades de germination ; une loupe.

Stades à distribuer :

– Graines ayant trempé une journée.

– Graines qui germent depuis 3 jours.

– Graines qui germent depuis une semaine.

– Graines qui germent depuis 2 semaines.

L'enseignant ouvre la graine ayant trempé une journée, à l'aide d'un couteau qu'il fait pénétrer entre les deux cotylédons (les deux parties de la graine). Il remarque, sur l'une des deux parties, l'embryon de la future plante. C'est cette partie de la graine qu'il distribue aux élèves.

Les enfants observent la graine distribuée à l'aide de la loupe. Ils constatent qu'à l'intérieur, elle est totalement lisse, excepté dans une zone, celle de l'embryon, que l'enseignant demande de bien observer. Ils peuvent alors voir les minuscules feuilles. Après un temps de dialogue, l'enseignant explique que ce sont les futures feuilles de la plante, que le « petit bout » qui dépasse de l'autre côté est la future racine (cela peut aussi être trouvé par les enfants) et qu'au milieu se trouve la future tige. Il définit alors l'embryon. Suite à un nouvel échange, il précise que les restes de la graine (les cotylédons) servent à la plante de « garde-manger », de réserve, tant que la plante ne peut pas fabriquer son alimentation par elle-même.

Les autres stades sont alors progressivement distribués. Ils vont permettre de vérifier le rôle des différentes parties de la graine. Après une observation générale, la graine est ouverte. Les enfants constatent que la petite partie appelée *embryon* est bien à l'origine de la nouvelle plante. C'est le « bébé » de la graine. Une partie donne la future racine et l'autre les futures feuilles. Les cotylédons sont, eux, tout flétris, comme s'ils se vidaient : ils ont servi à nourrir la plante tant qu'elle n'était pas autonome.

En synthèse, la fiche est complétée. Pour clarifier, il est possible de faire relier les éléments de la graine à ceux que l'on retrouve sur le plant (à l'aide des couleurs) : en vert la feuille et la future feuille, en jaune la racine et la future racine, en bleu la tige et la future tige.

Les élèves de CP légendent les dessins avec les mots clés : sur la graine, *embryon* ; sur le plant, *feuilles*, *tige* et *racines*.

Corrigés

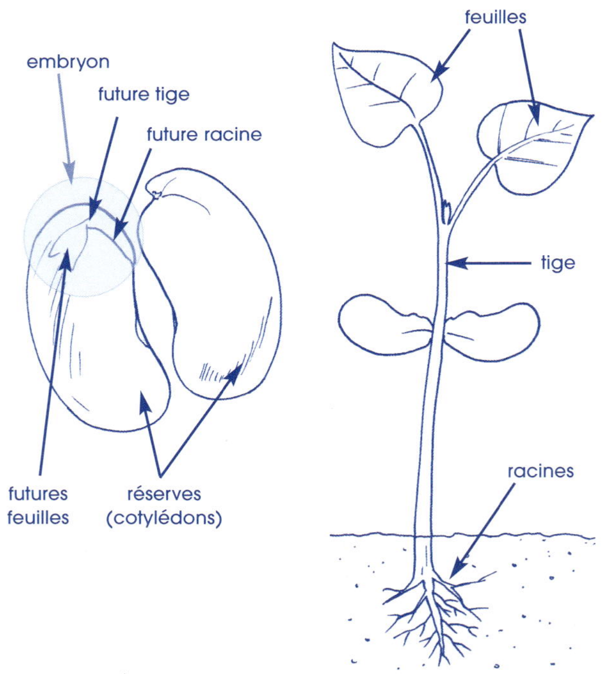

Fiches 12a et 12b : Quelle plante pour cette graine (ou ce fruit) ?

Objectifs

– Apprendre à retrouver à quelle plante appartient tel fruit ou telle graine (fiche 12a).

– Dans le cadre d'une synthèse de sortie réalisée en forêt, reconnaître les arbres observés et y associer leur fruit ou leur graine (fiche 12b).

Déroulement

Les enfants connaissent souvent des arbres ou des graines et des fruits et ne font pas forcément le rapprochement entre les uns et les autres. Il s'agit donc ici de les aider à les associer.

Fiche 12a

Cette fiche prend appui sur des arbres fruitiers et des plantes généralement « du quotidien », connus des enfants. Elle peut être utilisée comme phase de découverte ou de synthèse pour des séances sur les fruits et les graines.

Les enfants relient les différentes plantes à leur graine par des traits de couleur :

- marron pour l'arbre (cerisier) ;
- vert lorsque ce sont d'autres plantes (plants de maïs, de melon et de tomate, fraisier).

Pour faciliter le travail, le mot *marron* est colorié en marron et le mot *vert* en vert.

Fiche 12b

Cette fiche est à utiliser suite à une sortie réalisée dans un parc ou en forêt. Les élèves y auront découvert les essences proposées dans la fiche. Afin de trouver les fruits ou les graines, la sortie doit être réalisée au mois de septembre.

De retour en classe, les élèves complètent la fiche : ils entourent en marron les arbres (conifère, chêne), en jaune les arbustes (noisetier, ronces) et en vert les autres plantes (pissenlit). Les arbustes sont à définir lors de la sortie.

Pour faciliter le travail, le mot *marron* est colorié en marron, le *jaune* en jaune et le *vert* en vert.

Prolongement

Faire distinguer le fruit de la graine : différence, rôle. Travailler sur la chaîne : plantes → fleurs → fruits → graines.

Corrigés

Fiche 12a

Maïs → plant de maïs (2e dessin).

Fraise → fraisier (4e dessin).

Cerise → cerisier (5e dessin).

Melon → plant de melon (1er dessin).

Tomate → plant de tomate (3e dessin).

Fiche 12b

Noisetier → noisette.

Ronces → mûre.

Conifère → pomme de pin.

Chêne → gland.

Pissenlit → graine de pissenlit.

Fiche 13 : Les graines voyagent

Objectif

Découvrir les différents moyens de transport utilisés par les graines pour coloniser de nouveaux milieux.

Déroulement

Matériel

– Graines de pissenlit, noisette, cerise, graine de bardane ou de gaillet grateron (on les trouve dans les jardins ou lors d'une promenade en bordure de champs)…

– Toute sorte d'autres graines qui peuvent être apportées par les élèves (châtaigne, samare, noyau de fruit...) et qui seront utilisées en fin de séance. (Des photographies, pour modèle, sont facilement accessibles sur Internet en sélectionnant sur un moteur de recherche l'option « image ».)

– Une loupe.

Lors d'un travail en classe, les différents types de graines sont étudiés et sont classés selon leur moyen de transport. La fiche permet d'en faire une synthèse.

Chacune des quatre graines présentées sur la fiche est transportée d'un lieu à un autre de manière différente :

– La **graine de pissenlit** est **transportée par le vent**. En l'observant à l'aide d'une loupe, on peut voir que la graine est allongée, fixée sur une petite tige, elle-même reliée à une couronne de petits poils qui vont jouer le rôle de parachute. *Autres exemples* : graines de l'érable, du tilleul, de la clématite…

– La **noisette** : les enfants savent qu'elle est comestible, tout comme les animaux qui la récoltent afin d'avoir des réserves de nourriture durant l'hiver. Une fois enterrées, elles sont parfois oubliées et vont pouvoir germer. Certaines graines sont donc **transportées volontairement par les animaux**. *Autres exemples* : la noix, la châtaigne, le gland…

– La **graine de bardane**, tout comme de nombreuses graines, est pourvue de minuscules crochets observables à la loupe qui vont lui permettre de s'accrocher au poils des animaux (chien, sanglier, chevreuil, homme…) et d'être transportées sur de longues distances. Certaines graines sont donc **transportées involontairement par les animaux**.

– Les animaux tels que les oiseaux mangent les cerises. Ils digèrent le fruit, mais pas la graine qui sera évacuée dans les excréments à une grande distance de l'arbre dont il provient. Certaines graines sont **transportées dans les excréments des animaux**. *Autres exemples*: les framboises, les mûres, les pépins de la pomme et de nombreux autres fruits.

Une fois que ce bilan est assimilé, les enfants complètent la fiche en reliant à l'aide d'une flèche chacune des graines à son moyen de transport. Des couleurs différentes peuvent être utilisées en fonction du moyen de transport (les cases peuvent aussi être coloriées dans la même couleur pour plus de clarté).

Les élèves choisissent ensuite, parmi toutes les autres graines apportées, un exemple de chacune et la collent dans la bonne case (une fois que l'enseignant a validé). Par exemple, la graine d'érable est à coller à côté du dessin de la graine de pissenlit, le pépin de pomme à côté du dessin de la cerise.

Corrigés

Graine de bardane → chien.

Noisette → écureuil.

Cerise → oiseau.

Graine de pissenlit → vent.

Fiches 14a et 14b : Les végétaux ont besoin de lumière pour grandir

Objectifs

– Réaliser de petites expériences pour comprendre que les végétaux, sans lumière, ne se développent pas correctement, voire peuvent mourir.

– Reporter, sur une fiche, des résultats d'expériences réalisées en classe.

Déroulement

Les végétaux fabriquent leur propre nourriture à l'aide, entre autres, de la lumière du soleil lors de la photosynthèse. S'ils ne sont pas en présence de lumière, ils vont tout faire pour la « rejoindre ». Dans le cas contraire, ils jaunissent puis vont mourir, faute d'alimentation.

Le jaunissement est dû à la non-fabrication du pigment vert qui permet à la plante de capter la lumière du soleil, la chlorophylle.

Deux séries d'expériences, décrites dans la fiche 14a, vont permettre de mettre en évidence ce phénomène. La fiche 14b va servir de support à la phase de synthèse.

Matériel

Pour l'expérience 1

Deux pommes de terre dont les germes ont commencé à sortir, une boîte à chaussures, du carton, des ciseaux, du ruban adhésif.

Pour l'expérience 2

Une plante verte (et non pas des feuilles seules, sinon elles vont mourir), du papier épais (ou du carton) ne laissant pas passer la lumière, 6 trombones.

Fiche 14a

Expérience 1 : fabrication du labyrinthe à pomme de terre

Construire le labyrinthe à pomme de terre à l'aide des étapes illustrées; au besoin, lire ces consignes :

– Mesurer la largeur puis la hauteur de la boîte.

– Reporter ces longueurs sur le carton pour faire quatre bandes qui vont obstruer la largeur et la hauteur de la boîte.

– Vérifier qu'elles sont à la bonne taille en les mettant dans la boîte.

– Enlever à chacune d'elles un morceau dans le sens de la largeur (environ 6 à 7 cm).

– Scotcher les quatre bandes dans le fond de la boîte (sur le côté et le fond).

– Percer un trou à l'une des extrémités de la boîte.

– Déposer une pomme de terre germée au départ du labyrinthe ainsi créé et mettre le couvercle de la boîte.

NB : Pour mesurer la largeur et la hauteur de la boîte afin de faire les bandes du labyrinthe, il est possible d'utiliser une règle ou plus simplement de découper des languettes de papier à la bonne taille et de les reporter sur les bandes en carton à réaliser.

Le trou percé à l'une des extrémités de la boîte va faire entrer un rayon de lumière qui « guidera » la tige de pomme de terre vers la sortie, la plante étant à la recherche de lumière pour se développer.

Laisser l'autre pomme de terre « à l'air libre », sur une assiette.

Après une quinzaine de jours, on constate que pour la pomme de terre contenue dans la boîte, une tige jaune, dépourvue de feuilles (elles ne lui servent à rien dans le noir puisqu'elles n'ont pas de lumière), se faufile dans le labyrinthe jusqu'à la sortie. Dès qu'elle va franchir le trou, elle va verdir, stopper sa croissance en longueur (elle a enfin trouvé de la lumière) et produire des feuilles. La photosynthèse va alors être possible.

Pour la pomme de terre normalement exposée, la tige est petite et il y a tout de suite production de feuilles, puisqu'elle n'a pas eu à « chercher » la lumière.

Expérience 2 : Réalisation de la feuille zèbre

Chaque enfant réalise l'expérience illustrée. L'enseignant précise au besoin les consignes :

– Découper six bandelettes de la largeur aussi longues que la feuille et d'environ 1 cm de largeur (ajuster en fonction de la taille de la feuille).
– Fixer les six bandelettes de papier sur une feuille à l'aide des trombones.

Laisser d'autres feuilles à l'air libre, sans bandelettes.

Après deux à trois semaines, les enfants retirent les bandelettes, puis observent le résultat : la feuille est jaune à l'endroit des bandelettes, mais verte là où il n'y avait rien. Elle est donc zébrée.

Fiche 14b

Les résultats sont reportés sur la fiche suite à un échange collectif et une validation orale.

Expérience 1

Les enfants dessinent la tige de la pomme de terre dans la boîte, puis sa sortie par le trou, puis la colorient en utilisant les bonnes couleurs (le jaune puis le vert).

Puis ils complètent la case B en dessinant une petite tige feuillée et la colorient en vert.

Expérience 2

Les élèves colorient le résultat obtenu avec les bandelettes (en jaune pour les zones cachées et en vert pour les autres) et sans ces dernières (toute la feuille est restée verte).

Conclure la séance en rappelant que sans lumière, les feuilles jaunissent et peuvent mourir.

Prolongement

Effectuer une troisième expérience à partir d'une germination de haricot.

Placer la germination de haricot à l'obscurité au moins un mois avant l'observation du résultat, tout en l'arrosant régulièrement.

Les enfants observent alors qu'elle s'est énormément allongée puis qu'elle est morte.

Faire dessiner le résultat.

Fiche 15 : Qui vit dans la forêt et dans la mare ?

Objectif

Connaître les différents êtres vivants spécifiques à deux milieux de vie.

Déroulement

Proposer des sorties et des recherches en bibliothèque, à la maison ou sur Internet (encadrées par l'enseignant ou les parents) pour que les enfants découvrent le peuplement animal et végétal de différents milieux.

En synthèse, ils réalisent la fiche en repeuplant chacun des milieux avec les espèces qui leur sont propres. Il est important de préciser que, ponctuellement, certains animaux peuvent quitter leur milieu et aller dans un autre. Exemple : le cerf, que l'on trouve maintenant plutôt en forêt (à l'origine, c'est une espèce des plaines d'où il a été chassé par l'homme), peut être visible au bord d'une mare lorsqu'il va boire.

Si possible, faire découper le contour des étiquettes (même grossièrement), pour les insérer plus facilement dans l'image. Celles-ci ne sont collées qu'une fois la validation effectuée. Veiller à garder une certaine cohérence quant à la position des éléments dans l'image : pic noir accroché au tronc d'arbre, cerf qui boit au bord de la mare (et non dedans), etc.

Corrigés

Coller :
– dans la forêt : le chêne, la fougère, le noisetier, le sapin, le sanglier, l'écureuil, le cerf (qui marche), le pic noir.
– dans la mare : le nénuphar, le jonc, la grenouille (et les têtards), la libellule, la carpe, le canard, le cerf (qui boit), le triton.

Fiche 16 : À quoi servent les différentes parties de notre corps ?

Objectifs

– Se remémorer les différentes parties de notre corps.
– Connaître le rôle de chacune d'elles.

Déroulement

Dans un premier temps, oral, faire rappeler les parties du corps, si besoin à l'aide du dessin (consigne 1) :
– tête, cou ;
– doigts, mains, bras, avant-bras ;
– orteils, pieds, jambes, cuisses ;
– poitrine, dos, ventre (tronc) ;
– fesses.

Demander de détailler certaines parties : la tête = bouche, nez, oreilles, yeux… (qui en fait sont des organes, mais cette distinction sera abordée lors de la fiche 17).

Il est ensuite important de faire distinguer la partie haute du corps (thorax, que l'on appellera plus simplement poitrine) de la partie basse (abdomen, qui correspond au ventre) afin de séparer le lieu de la respiration (en haut) du lieu de la digestion (en bas, au niveau du ventre).

Les enfants doivent ensuite essayer de trouver oralement, quelle est la fonction de ces principales parties du corps.

Une nouvelle discussion est engagée : « c'est dans le ventre que le mangé va », « je respire avec ma poitrine », « les jambes, ça court »...

À l'issue de cet échange, les élèves doivent avoir repéré les principales actions du corps : manger, bouger, respirer, sentir.

Dans un second temps, la fiche est complétée pour faire une synthèse de toutes ces découvertes. Sur le dessin du garçon, les élèves vont retrouver les deux parties distinctes du corps, séparées par un trait.

Chacun colorie les cercles des pictogrammes correspondant aux grandes fonctions découvertes :
– en bleu, celui de la respiration ;
– en rouge, celui du mouvement ;
– en jaune, celui de la nutrition ;
– en vert, celui des sens.

S'assurer que les élèves ont bien repéré et compris les différents pictogrammes représentant le rôle de chaque partie du corps, afin, dans un troisième temps, de reporter sur le schéma ces codes couleur.

CORRIGÉS

– Parties coloriées en vert (sens) : yeux, oreilles, nez, mains, langue.
– Parties coloriées en rouge (mouvement) : jambes, pieds et bras.
– Parties coloriées en jaune (nutrition) : dents, partie droite de l'intérieur de la bouche, ventre.
– Parties coloriées en bleu (respiration) : poitrine (« elle se soulève lorsque l'on respire »), nez (l'entourer ou mettre un point bleu à côté du point vert), partie gauche de l'intérieur de la bouche.

Fiches 17a et 17b : Les principaux organes de notre corps

OBJECTIF

Localiser les principaux organes de notre corps.

DÉROULEMENT

Cette fiche peut être utilisée soit comme une activité de découverte, soit comme une synthèse ou encore une évaluation suite à une séquence sur les principaux organes qui nous constituent.

À l'oral, faire trouver par les enfants le nom d'un maximum d'organes. Bien leur expliquer que chaque organe joue un rôle précis. Ainsi la tête n'est pas un organe, à la différence du cerveau. Le ventre n'est pas un organe mais plutôt une partie du corps qui contient plusieurs organes (tube digestif, reins, organes génitaux...).

Les organes les plus cités seront le cœur, les poumons, le ventre (préciser alors qu'il faut parler de tube digestif), les muscles, la tête (parler alors de cerveau, qui sera parfois cité, car il y a plusieurs organes au niveau de la tête : cerveau, yeux, langue...).

Dans un premier temps, donner la fiche vierge aux enfants et leur demander de dessiner à l'intérieur les différents organes cités (consigne 1).
Vous pourrez alors constater que, pour eux, la localisation de ces organes n'est pas aisée et que leur représentation est souvent farfelue, notamment pour le tube digestif (une entrée et pas de sortie...).
Corriger à l'oral les différentes erreurs.

Dans un second temps, faire une synthèse (ou une évaluation) en distribuant aux élèves une nouvelle photocopie du contour du corps, avec les vignettes des différents organes (fiche 17b). Après les avoir découpées en suivant le contour au mieux, ils les collent au bon endroit. Les prévenir qu'il vaut mieux commencer par les muscles, puis par le tube digestif, qui sera en dessous au niveau du tronc (les autres organes vont se superposer).

CORRIGÉ

Fiche 17a

2.

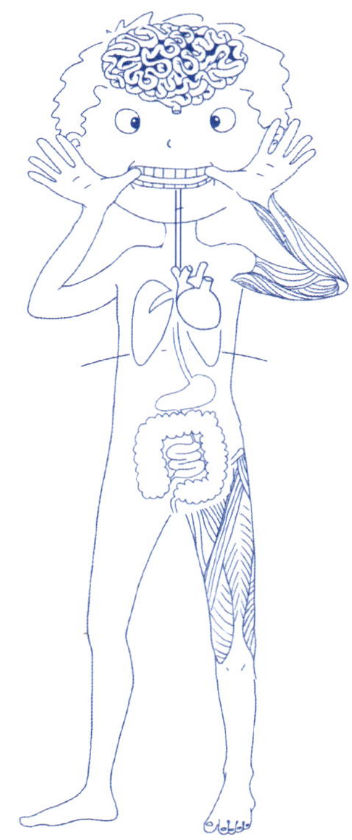

Fiche 18 : À quoi servent nos principaux organes ?

OBJECTIF

Découvrir ou préciser le rôle des principaux organes de notre corps.

DÉROULEMENT

Cette fiche peut servir de support à un travail de synthèse suite à une recherche dans des livres ou à une discussion faite en classe.

La tâche consiste à relier, à l'aide de flèches, les organes à leur rôle respectif. Lors de la correction, expliquer ou faire préciser les différentes fonctions :

– Le **tube digestif** : il permet de « transformer en bouillie les aliments pour que l'on puisse grandir ». La digestion consiste en la simplification des aliments en nutriments qui pourront alors circuler dans le sang et être distribués à l'ensemble de l'organisme.

– Les **poumons** : pour simplifier, préciser que les poumons permettent de faire entrer et sortir l'air de notre corps. (Pour les enfants, cela signifie « respirer », mais ne pas perdre de vue que les poumons permettent seulement de faire entrer le dioxygène et sortir le dioxyde de carbone du sang et que la vraie respiration se déroule au niveau des organes.)

– Le **cœur** : il permet de mettre en mouvement le sang dans notre corps et donc d'y distribuer tout ce qui est nécessaire à son bon fonctionnement (nutriments, O_2).

– Les **muscles** : ils permettent, en se contractant, les mouvements de notre corps.

– Le **cerveau** : pour les enfants, il permet de « réfléchir ». En réalité, c'est bien plus que cela, c'est « la tour de contrôle de notre organisme », il commande l'ensemble de nos grandes fonctions. (D'ailleurs les médecins considèrent qu'une personne est morte non pas lorsque son cœur s'arrête de battre, mais lorsque le cerveau ne fonctionne plus.)

Corrigés

– Cœur → enfant qui prend son pouls (dessin 3).
– Cerveau → enfant qui réfléchit (dessin 4).
– Tube digestif → enfant qui mange (dessin 5).
– Poumons → enfant qui souffle de l'air (dessin 1).
– Muscle → enfant qui soulève un poids (dessin 2).

Fiches 19a et 19b : Cinq sens pour découvrir le monde

Objectif

Connaître les cinq sens et les associer à une sensation et un organe.

Déroulement

Expliquer aux enfants que les sens nous permettent de capter les informations qui nous entourent et ainsi d'éprouver des sensations.

Dans un premier temps, ils vont devoir trouver quelles sont ces informations (sons, images, odeurs...) et ensuite indiquer quels organes de notre corps nous permettent de les « ressentir ».

Les fiches sont à réaliser en phase de découverte ou de synthèse d'un travail sur les cinq sens.

Fiche 19a

Présenter aux enfants, sur une table, une dizaine d'objets qui peuvent être la source de différentes stimulations sensitives. Les enfants essayent alors de les rassembler logiquement par groupes.

Les amener à distinguer cinq catégories d'objets : ceux que l'on touche, ceux que l'on sent, ceux que l'on écoute, ceux que l'on regarde et ceux que l'on goûte.

Certains objets peuvent stimuler différents sens, mais seul le principal est sélectionné. Ainsi, pour la fraise, la vue et l'odeur peuvent être utilisés, mais on choisira le goût.

En travail individuel sur la fiche, les élèves cochent pour chaque objet les cases correspondant au stimulus qu'il déclenche. Pour les élèves qui auraient des difficultés à lire le tableau, l'enseignant leur propose d'utiliser un cache afin de faire apparaître une ligne après l'autre.

Fiche 19b

Il s'agit ici de faire découvrir, suite à une série de jeux, quels sont les différents organes de notre corps qui captent les cinq sens. En petits groupes ou collectivement, les élèves émettent une hypothèse sur le rôle d'un organe, puis ils le « bloquent » afin de la vérifier.

Exemples : « On sent avec le nez ! » Un élève volontaire ou désigné sent le parfum avec le nez, puis se le bouche. Il ne détecte plus d'odeur, c'est donc bien le nez qui permet de sentir. Un autre va faire de même avec les oreilles, en les bouchant, puis encore un autre en fermant les yeux. Pour le toucher (le doux, le chaud, le froid), un enfant peut mettre des gants : il ne ressent alors plus rien, c'est donc bien la peau au niveau des mains qui intervient. Pour le goût, un élève met un petit bout de plastique (sous la surveillance de l'enseignant) sur le bout de la langue et y dépose quelques grains de sel ou de sucre. Il ne sent plus le goût, ce qui confirme le rôle de la langue.

En synthèse, la fiche est complétée en reliant chaque sens à l'organe du corps qui permet de le capter et en coloriant de couleurs différentes chacun des organes.

Le tableau de l'exercice 2 permet de faire un bilan des fiches 19a et 19b, en associant le sens à la sensation et à l'organe qui permettent de le reconnaître. L'enseignant peut demander aux élèves de CP de recopier les mots plutôt que de coller les étiquettes.

Corrigés

Fiche 19a

SENTIR : chocolat chaud, parfum.
ENTENDRE : MP3, marteau piqueur.
VOIR : statuette.
GOÛTER : salière, chocolat, bonbon.
TOUCHER : pelote de laine, branche de sapin.

Fiche 19b

1.
Nez → odeur.
Main → boule de piquants.
Œil → image.
Oreille → note de musique.
Langue → sucre.

2.

Sensation	Organe	Sens
SENTIR	**NEZ**	ODORAT
ENTENDRE	OREILLES	OUÏE
VOIR	**YEUX**	**VUE**
GOÛTER	LANGUE	**GOÛT**
TOUCHER	**MAINS**	TOUCHER

Fiche 20 : Jouons avec nos sens !

Objectif

Renforcer la connaissance des sens et de leur rôle.

Déroulement

Cette fiche constitue un prolongement ou une évaluation suite à un travail sur les cinq sens.

Présenter aux enfants les pictogrammes (à droite des images) qui sont associés à chacun des cinq sens. Si la fiche 19 a été réalisée précédemment, un rappel suffit :
- Nez → odeur.
- Note de musique → ouïe.
- Image → vue.
- Sucre → goût.
- Boule de piquants → toucher.

Inviter les élèves à bien observer chacune des images et à trouver le ou les sens qui sont utilisés par l'enfant représenté. Les alerter sur certains détails : les yeux fermés signifient que la vue n'est pas sollicitée, l'oiseau qui chante dans le paysage de campagne, etc. Après ce temps d'observation, les enfants peuvent cocher les pictogrammes qui leur semblent convenir.

Il est possible, une fois la validation effectuée, de faire colorier d'une même couleur les pictogrammes représentant le ou les sens utilisés et l'organe sollicité par l'enfant illustré (par exemple, pour l'image 1, l'oreille du garçon et le pictogramme « note de musique » / « ouïe »).

Corrigés

- Image 1 : cocher le pictogramme « ouïe ».
- Image 2: cocher le pictogramme « vue ».
- Image 3 : cocher les pictogrammes « ouïe » et « vue ».
- Image 4 : cocher les pictogrammes « ouïe » (pour l'oiseau), « vue » et « odeur » (pour les fleurs odorantes).
- Image 5: cocher le pictogramme « vue » et « odeur ».
- Image 6 : cocher le pictogramme « vue » et « goût ».
- Image 7 : cocher le pictogramme « vue », « ouïe » et « toucher » (pour le doudou).
- Image 8 : cocher le pictogramme « ouïe » et « vue ».

Fiche 21 : Le jeu des odeurs

Objectif

Éveiller son odorat, de manière ludique, en apprenant à reconnaître des odeurs.

Déroulement

Préparer des séries de sept boîtes contenant sept odeurs différentes. Récupérer, par exemple, des boîtes de pellicules photo et percer des trous sur le couvercle. Puis les numéroter de 1 à 7.
Voici les odeurs proposées sur la fiche : morceau de fromage, zeste d'orange, morceau de jambon, café, lavande (ou tout autre fleur séchée), terre humide, carreau de chocolat.

Les enfants viennent sentir chacune des boîtes et, sans se concerter, complètent au fur et à mesure la fiche en reliant le numéro de la boîte à l'odeur qu'ils auront reconnue.
La validation est collective.

Variante

Il est possible de corser le jeu en présentant des séries dont les numéros ne correspondent pas forcément aux mêmes odeurs.

Fiche 22 : Que « sent » la main ?

Objectif

Découvrir les différentes sensations que peuvent détecter nos mains (le chaud, le froid, la texture des objets, leur forme) et qui sont liées au toucher.

Déroulement

Matériel

Des aiguilles à tricoter ou autres objets piquants (fourchette, bogue de châtaigne ou marron, branche de sapin…), mais utilisables en classe, des objets doux (couverture, pull, peluche…), de l'eau chaude et de l'eau froide avec des récipients pour les contenir (ou du chocolat chaud), des objets ayant des formes caractéristiques (boule en plastique, cube, planchette en bois…), des foulards.

NB : pour les objets chauds, attention à bien guider les enfants pour éviter les brûlures !

Les enfants ont découvert les cinq sens et sont amenés à affiner les propriétés du toucher.
Ils travaillent par groupes de quatre : deux élèves vont diriger les expériences et deux autres vont les tester, avec les yeux bandés.
L'enseignant réunit les élèves qui vont diriger et leur explique qu'ils vont faire toucher les différents objets proposés et demander aux « testeurs » ce qu'ils ressentent, ce qu'ils perçoivent et quel est le nom de l'objet ainsi détecté. Les rôles peuvent s'inverser au cours de la séance.

À la fin des expériences, une discussion s'engage avec la classe afin de résumer l'ensemble des sensations détectées : le chaud, le froid, le doux, le piquant, la forme des objets. Englober *doux* et *piquant* dans le nom générique *aspect*.

En synthèse, la fiche est réalisée individuellement. Chacun doit, dans la case laissée libre, dessiner le pictogramme correspondant à la sensation qui est ressentie en priorité.
Les pictogrammes peuvent être simplifiés par les enfants s'ils ont du mal à les reproduire.

Corrigés

Chocolat → forme.
Ours en peluche → aspect (doux).
Bogue → aspect (piquant).
Pull → aspect (doux).
Branche de sapin → aspect (piquant).
Légo® → forme.
Lampe → chaud.
Pomme → forme.

Fiche 23 : Des jeux de visions

Objectif

Découvrir, de manière ludique, que notre vue n'est pas toujours fiable.

Déroulement

L'enseignant lit chacune des affirmations en gras, les unes après les autres. Si les enfants sont en accord, sur la première ligne («je vois»), ils entourent en vert l'émoticon qui sourit, s'ils ne le sont pas, en rouge le visage qui ne sourit pas.
Puis l'enseignant relit une deuxième fois chacune des affirmations afin que les enfants vérifient leur réponse. Le plus simple est d'utiliser des bandelettes de papier qui pourront à la fois servir de règle pour vérifier les traits droits et mesurer en faisant des marques. (Il suffit de prendre la taille d'un premier élément en faisant deux marques et de le comparer avec l'autre à l'aide de ces marques.)
Suite à la vérification, la deuxième ligne («je vérifie») est complétée de la même façon que la première. En comparant les emoticons, les enfants vont se rendre compte que leur vue les a souvent trompés, au niveau de la taille des objets ou de leur forme (droit ou courbe).

Fiche 24 : J'utilise mes sens en forêt

Objectifs

– Montrer aux enfants qu'ils utilisent continuellement leurs sens.
– Évaluer la compréhension des enfants quant au rôle de chacun de ces sens.

Déroulement

Cette fiche fait suite à la fiche 19a sur les cinq sens. Elle peut faire office d'évaluation.

Il est conseillé de réaliser une sortie en forêt afin que les sens soient concrètement mis à contribution. Les enfants recherchent, lors de leur promenade, les différents éléments présents sur la fiche et le sens qu'ils sollicitent pour le repérer. Préciser qu'il s'agit du sens dominant (sinon la vue serait constamment choisie).
Par exemple, s'ils trouvent des mûres, c'est le goût qui est privilégié ; dans le cas du muguet, c'est l'odorat ; pour la mousse, c'est le toucher…
Si une sortie ne peut être organisée, les enfants font appel à leur mémoire et leur imagination pour retrouver les sens qu'ils utiliseraient face aux éléments représentés sur le dessin.

Repérer collectivement les éléments grisés dans l'image et les nommer. Puis la fiche est à réaliser individuellement ou en petits groupes. Bien préciser qu'il s'agit de reconnaître les sens qu'ils utilisent en priorité pour repérer les éléments grisés en forêt.
Pour le toucher, on peut faire qualifier les différents aspects : doux pour la mousse, rugueux pour l'écorce, piquant pour les ronces.

Corrigés

– Le nez (l'odorat) : fleur (dans la main du garçon qui marche), orchidée (à droite), champignons qui dégagent une odeur (premier plan).
– L'œil (la vue) : pour ce sens, tout peut être entouré…
– L'oreille (l'ouïe) : oiseau caché dans le feuillage et qui chante, cerf qui casse une branche en marchant, élève qui trébuche sur une racine.
– La langue (le goût) : fraises des bois, mûres, framboises.
– La main (le toucher) : mousse, écorce d'un arbre, ronces.

Fiche 25 : L'eau se transforme

Objectif

Découvrir les trois états de l'eau et leurs propriétés.

Déroulement

Matériel
Des glaçons, un verre d'eau liquide, une cocotte-minute ou une image de cocotte sous pression, des petits pots en verre, des tubes en plastique transparent (type médicaments) ou en verre (tubes à essais).

Dans un premier temps, discuter avec les enfants sur « ce qu'est l'eau » pour eux. Le plus souvent, ils associent de façon erronée eau et liquides (voir la fiche 26, « L'eau et les liquides », où il est démontré que l'eau est un liquide incolore, inodore). Préciser que l'eau existe sous différents aspects appelés « les états de l'eau » et qu'ils vont être expérimentés lors de cette séance.
Présenter ensuite un verre d'eau, les glaçons et la cocotte-minute (ou l'image) et dire à quel état de l'eau ils renvoient :
– l'eau liquide : le verre ;

– l'eau solide : les glaçons ;
– l'eau gazeuse : le gaz à la sortie du bouchon de la cocotte-minute. Attention, le gaz n'est pas visible. Il est situé juste à la sortie de la valve de la cocotte. La vapeur blanche qui apparaît ensuite est déjà de l'eau liquide sous forme de microgouttelettes.

Distribuer la fiche, sur laquelle les élèves reportent leur résultat.
Expliquer les pictogrammes, si nécessaire : goutte pour eau liquide, vagues verticales pour eau gazeuse, morceau de glace pour eau solide. Ils relient ensuite chaque observation illustrée au pictogramme qui convient.

Dans un deuxième temps, les élèves vont découvrir quelques propriétés de l'eau en fonction de son état.
Ils versent dans le pot en verre puis dans le tube de l'eau liquide. Ils dessinent et colorient ensuite le résultat sur la fiche. Ils en concluent que l'eau liquide se déforme et prend la forme du récipient. Ils inclinent ensuite le pot et le tube, dessinent le résultat sur la fiche et ils constatent que l'eau reste toujours parallèle au sol.
Ils réalisent ensuite les mêmes expériences avec un glaçon. Ils dessinent les résultats :
– le glaçon reste un cube dans le verre, il ne coule pas ;
– il ne rentre pas dans un tube, il ne se déforme pas (illustrer le glaçon à côté) ;
– lorsque l'on penche le pot ou le tube, il ne change pas de forme (pour le tube, illustrer là encore le glaçon à côté).
À travers ces quatre petites expériences, ils constatent que l'eau à l'état solide réagit différemment. Elle garde sa forme propre, quelle que soit la position des récipients utilisés.
En conclusion, les enfants relient chaque dessin à l'état de l'eau qu'il représente.

Corrigés

3.
La vapeur d'eau qui sort de la bouche de l'enfant = gazeux.
La neige = solide.
La pluie, la mer = liquide.

Fiche 26 : L'eau et les liquides

Objectif

Comprendre que l'eau est un liquide, mais que tous les liquides ne sont pas de l'eau.

Déroulement

Matériel

De l'eau, de l'huile et de l'alcool à 70° (à n'utiliser qu'en présence de l'adulte), du papier blanc, des petites seringues en plastique (du type dosette pour médicament, ou jouet, à se procurer si nécessaire auprès des parents), des boîtes de pellicule photo dont les couvercles ont été percés de quelques trous, des pots en verre.

NB : Il est préférable d'avoir réalisé la fiche 25 sur les trois états de l'eau, car la notion d'évaporation y est utilisée.

Il s'agit de faire découvrir que trois éléments qui sont à l'état liquide ne s'évaporent pas à la même vitesse, qu'ils n'ont pas la même odeur et qu'ils ne se mélangent pas forcément : ils sont donc de nature différente. Démontrer ainsi que tout liquide n'est pas de l'eau.
Distribuer la fiche avant de commencer les expériences ; les résultats y seront reportés. Les enfants sont répartis en petits groupes ; ils attendent la présence de l'enseignant avant d'utiliser l'alcool à 70°.

Expérience 1

Présenter les trois liquides et leur demander ce que c'est. Beaucoup d'enfants vont associer la notion de liquide et d'eau. En réalisant l'expérience, les enfants vont voir qu'ils ne disparaissent pas à la même vitesse : ces liquides sont de nature différente.
Les enfants déposent à l'aide de la seringue **une** goutte d'eau, **une** goutte d'huile et **une** goutte d'alcool (avec l'aide l'enseignant) sur une feuille. Ils entourent la zone de dépôt à l'aide de crayons de couleurs différentes (bleu = eau, jaune = huile, rouge = alcool).
Le premier à disparaître est l'alcool : les élèves reportent leur résultat sur la fiche en écrivant un 1 (en rouge, qui est la couleur attribuée à l'alcool) sous la bouteille d'alcool illustrée. Le deuxième est l'eau, ils reportent un 2 (en bleu), et le troisième qui est l'huile (en jaune) ne disparaît pas.
En conclure que ces trois liquides ne s'évaporent pas à la même vitesse.

Expérience 2

Faire sentir aux enfants les trois liquides à l'aveugle, dans les boîtes de pellicule photo qui ont été au préalable numérotées.
Sur la fiche, les enfants relient l'odeur de chacune des boîtes au bon dessin. Par déduction, ils découvrent dans quelle boîte se situe l'eau car elle n'a pas d'odeur.
En conclure que ces trois liquides n'ont pas la même odeur.

Expérience 3

Mélanger de l'eau et de l'huile dans un pot. Les enfants dessinent le résultat (huile au-dessus de l'eau, sans mélange) en coloriant en jaune l'huile et en bleu l'eau. L'huile reste au-dessus car elle est moins dense.
La même expérience est réalisée avec l'eau et l'alcool. Les élèves observent qu'ils se mélangent, mais ils peuvent voir, au moment de la rencontre entre les deux liquides, des petites « traînées d'alcool » : les faire représenter sur les dessins (en rouge) afin de montrer qu'il y a mélange mais qu'il n'est pas immédiat.
Enfin ils mélangent l'huile et l'alcool. Faire constater qu'ils ne se mélangent pas et que l'alcool, contrairement à l'eau, reste au-dessus de l'huile car il est moins dense que l'huile.
Ceci montre bien la différence entre les trois liquides.

Conclusion

Les enfants vont mettre le signe égal = ou différent ≠ (après leur en avoir expliqué la signification) entre les dessins de conclusion, afin de bien visualiser que même si elles sont toutes les trois à l'état liquide, ces substances sont différentes.

Conclure que « tout liquide n'est pas de l'eau ».

Faire également un bilan des caractéristiques de l'eau : elle est incolore et inodore. Rappeler qu'elle est importante pour nous : nous la buvons, c'est un besoin vital.

Fiche 27 : Air , eau , huile : plus lourd, plus léger ?

Objectifs

– Comprendre que la notion de masse s'applique aux solides, mais aussi aux liquides et à l'air.

– Aborder succinctement la matérialité de l'air en comparant sa masse à d'autres éléments.

Déroulement

Matériel

– Pour la classe : un verre d'eau, une petite pierre, un objet léger (bouchon de liège, morceau de polystyrène).

– Par groupe de deux ou trois élèves : deux verres, de l'eau, de l'huile, deux pailles.

En introduction, rappeler la différence entre « plus lourd » et « plus léger ». Présenter à l'ensemble de la classe un verre d'eau et y faire tomber une petite pierre (ou tout autre objet lourd). Arriver à la conclusion que la pierre est plus lourde que l'eau et qu'elle s'y enfonce. Prendre un objet plus léger que l'eau (bouchon de liège…), le déposer dans l'eau et constater qu'il flotte sur l'eau. Il est donc plus léger.

Après cette explication (ou rappel), les enfants vont réaliser les expériences ci-dessous, collectivement puis en petits groupes. Distribuer la fiche avant de commencer, pour y reporter les résultats. Faire identifier les pictogrammes qui seront utilisés pour toute la fiche et les faire colorier : bleu pour l'eau, vert pour l'air, jaune pour l'huile.

Expérience 1 : le verre d'eau

Cette première série d'expériences est réalisée avec l'aide de l'enseignant ; les enfants suivent ses consignes et dialoguent avec lui.

Remplir le verre d'eau, prendre la paille et mettre l'extrémité au fond du verre. Souffler doucement. Les enfants constatent que des bulles d'air sortent et remontent vers la surface. En faisant une analogie avec les expériences de l'introduction, les enfants constatent que l'air remonte car il est plus léger que l'eau. Ils attribuent à l'air la notion de masse (plus *lourd*, plus *léger*) et évoquent ainsi le fait que l'air « pèse quelque chose », qu'il a une forme (les bulles) ; ils constatent sa matérialité.

Utiliser le même verre d'eau et introduire au fond, à l'aide de l'autre paille, quelques gouttes d'huile. On constate qu'elles remontent vers la surface. Les enfants en concluent que l'huile est plus légère que l'eau.

Les enfants illustrent dans chaque verre leur expérience (eau en bleu, huile en jaune) :

A. À côté du dessin « poids lourd », ils dessinent le picto « eau » ; à côté du dessin « poids léger », le picto « air ».

B. À côté du dessin « poids lourd », ils dessinent le picto « eau » ; à côté du dessin « poids léger », le picto « huile ».

Expérience 2 : le verre d'huile

Les enfants réalisent en petits groupes cette série d'expériences. Si le niveau de la classe est suffisant, l'enseignant peut demander d'essayer de prévoir, en émettant des hypothèses, les résultats.

Remplir le verre d'huile. Prendre la paille et mettre l'extrémité au fond du verre. Souffler doucement. Les enfants constatent que des bulles d'air sortent et remontent vers la surface. Ils en concluent que l'air est plus léger que l'huile. La fiche est complétée au niveau du cadre A : à côté du dessin « poids lourd », ils dessinent le picto « huile » ; à coté du dessin « poids léger », le picto « air ». Ils peuvent ajouter les bulles d'air dans le verre.

Utiliser pour la deuxième expérience le même verre d'huile. Introduire la paille remplie au préalable d'eau (bien expliquer aux enfants qu'il faut aspirer de l'eau dans le verre, puis boucher la paille avec le doigt lors du transfert vers l'huile), puis retirer le doigt afin de libérer quelques gouttes d'eau. Les gouttes d'eau restent au fond du verre, ce qui confirme quelle est plus lourde que l'huile. La fiche est complétée au niveau du cadre B : à côté du dessin « poids lourd », les élèves dessinent le picto « eau » ; à côté du dessin « poids léger », le picto « huile ». Ils peuvent ajouter l'eau qui reste au fond du verre (en bleu).

Conclusion

Pour conclure, les enfants complètent le bas de la page. L'enseignant précise, pour les enfants non lecteurs, le sens des trois expressions : poids lourd, poids moyen, poids léger (du plus lourd au plus léger). Ces derniers dessinent dans chaque cas le bon pictogramme :

1. l'eau
2. l'huile
3. l'air

Fiches 28a et 28b : Une bonne hygiène du corps

Objectif

Rappeler les règles d'hygiène du corps, leur périodicité et les situer correctement dans une journée.

Déroulement

Deux journées différentes sont présentées sur les fiches :

– fiche 28a : **à la maison** ;

– fiche 28b : **à l'école**.
Les situations illustrées représentent les moments importants qui rythment ces journées :
– petit déjeuner, jeux sur ordinateur, déjeuner, confection d'un gâteau, dîner ;
– atelier de peinture, déjeuner à la cantine, récréation, aux toilettes, goûter.
Introduire la séance par un échange collectif sur les règles d'hygiène que les enfants connaissent. L'enseignant complète au besoin, en listant les principales règles.
Puis leur demander ce qu'ils font au moment de chaque situation représentée : lavage des dents, des mains, du corps. Préciser qu'il faut :
– se laver les dents après chaque repas à la maison, le matin et le soir les jours d'école (certaines écoles effectuent un brossage le midi) ;
– se laver les mains avant chaque repas (donc au minimum quatre fois par jour).
Rappeler également qu'il faut se laver le corps une fois par jour, le matin ou le soir.

En synthèse (ou en évaluation), les enfants complètent la fiche, après avoir bien identifié les images : ils découpent et collent les vignettes correspondant aux règles à respecter dans les colonnes « Ce que je dois faire avant/après ».

Fiches 29a, 29b et 29c : Bien manger !

Objectifs

– Découvrir les grandes familles d'aliments.
– Apprendre à équilibrer ses apports nutritifs au cours d'une journée.

Déroulement

Matériel
Fiche 29a : étiquettes et emballages des différentes catégories d'aliments qui pourront être apportés par les enfants (ou l'enseignant), si possible en petit format (pour les coller sur la fiche).

Fiche 29a : Les différents types d'aliments

Dans un premier temps, inviter les enfants à collecter toutes sortes d'étiquettes et d'emballages représentant des aliments. Il est conseillé de guider cette recherche afin que tous les aliments nécessaires soient représentés lors de la séance : les différentes classes d'aliments doivent être illustrées.

Une fois les images d'aliments récoltées et commentées, demander aux enfants de classer dans chacun des six groupes toutes les étiquettes et emballages apportés. En fonction du niveau de la classe, un premier tri peut être effectué par les enfants eux-mêmes sans présentation au préalable des classes d'aliments.
Le classement proposé ici répartit les aliments en six groupes, afin que ce soit plus clair pour les enfants. En réalité, ils sont regroupés principalement en trois catégories : les protides, les lipides et les glucides (ce sont des aliments, sucrés ou non, qui fournissent de l'énergie ; c'est pourquoi les pâtes et les denrées sucrées sont dans cette même famille).

Une fois la validation effectuée, les étiquettes sont collées dans leurs ensembles respectifs. Veiller à ce qu'il y ait au moins deux exemples par famille.

NB : si les étiquettes apportées sont trop grandes, photocopier au format A3 la fiche pour faciliter le collage. Il est possible aussi de faire dessiner les aliments sélectionnés.

Fiches 29b et 29c : Équilibrer ses repas

Une journée équilibrée doit apporter une viande et/ou un poisson (ou œuf), plusieurs légumes, des fruits, des laitages. Ces aliments doivent être répartis sur l'ensemble de la journée. Il faut insister sur l'importance du petit déjeuner, mais aussi, à l'âge des enfants, sur celle du goûter. Rappeler également qu'il vaut mieux éviter le grignotage.

Distribuer la fiche et faire identifier les différents repas de la journée illustrés : petit déjeuner, déjeuner, goûter, dîner. Demander aux enfants de dessiner dans la colonne de gauche tous les aliments qui ont été consommés lors d'une journée. Afin que les enfants comprennent bien le travail à accomplir, on peut commencer par le dessin du repas du midi qui sera réalisé en classe (les enfants peuvent s'inspirer des vignettes proposées), l'enseignant connaissant le menu du repas à la cantine (pour les externes, il est possible de demander aux parents d'écrire le menu de l'enfant). Le goûter et le repas du soir peuvent être réalisés avec les parents, le petit déjeuner le lendemain en classe.
Après un dialogue en classe, l'enseignant fait coller, en synthèse, les étiquettes (fiche 29c) qui correspondent aux repas types d'une journée. Il s'agit d'équilibrer les repas en mangeant chaque jour des aliments de chacun des groupes.

Exemple :
– Petit déjeuner : un laitage (bol de lait), une tartine de pain et un jus de fruit.
– Déjeuner : une entrée (tomates), une viande avec des pâtes, un fromage, un fruit.
– Goûter : pain, chocolat, jus.
– Dîner : poisson et légume, yaourt, pain.
Si, en fonction du menu type choisi, certaines vignettes manquent, les enfants peuvent les redessiner ou se les échanger.

L'enseignant peut faire entourer les aliments (une couleur par groupe) sur la fiche pour bien mettre en évidence l'équilibre des repas.

Fiche 30 : À la maison je fais attention...

Objectif

Connaître les différentes situations qui, à la maison, peuvent présenter un danger potentiel pour les enfants.

Déroulement

Amorcer, dans un premier temps, une discussion avec la classe sur les dangers que les enfants peuvent rencontrer. Comme sur la fiche, l'étude peut être effectuée pièce par pièce.

Rappeler les différents symboles qui représentent le danger :

– la croix pour les produits toxiques ;

– le panneau « Attention ! » (donné sur la fiche) pour les dangers de tout type.

La fiche est ensuite réalisée. Elle permet aux enfants de bien visualiser les risques abordés et sert de synthèse.

Les enfants vont entourer en rouge les dangers potentiels. Ces derniers peuvent aussi être coloriés.

Lors de la correction, il est possible de faire trouver d'autres situations à risque, non illustrées sur la fiche (par exemple, un enfant qui boit un verre de vin, etc.).

Corrigés

– Dans la cuisine : le couteau laissé sur la table, le placard du bas ouvert avec la bouteille d'eau de javel à portée de main, le four ouvert, la casserole bouillante en équilibre sur le bord de la plaque, l'enfant qui se coince les doigts dans un tiroir.

– Dans le salon : l'enfant qui joue avec une prise de courant, le bébé qui joue dans son parc avec un sac plastique sur sa tête, le fer à repasser branché en l'absence d'adulte, le feu non protégé dans la cheminée, les ciseaux qui sont par terre.

– Dans la chambre : la prise de courant de la lampe de chevet, l'enfant qui glisse sur une petite voiture par terre, le bébé qui avale des petits jetons.

– Dans la salle de bains : l'enfant qui glisse sur le carrelage mouillé, les médicaments posés sur le bord du lavabo, le sèche-cheveux branché à côté de l'eau qui coule, le rasoir qui traîne par terre.

Prénom : .... Date : ....

Le tri des déchets : à la maison

- **Colorie chaque poubelle selon la couleur indiquée par l'enseignant.**
- **Jette chacun des déchets : relie-les d'un trait de même couleur à la bonne poubelle.**

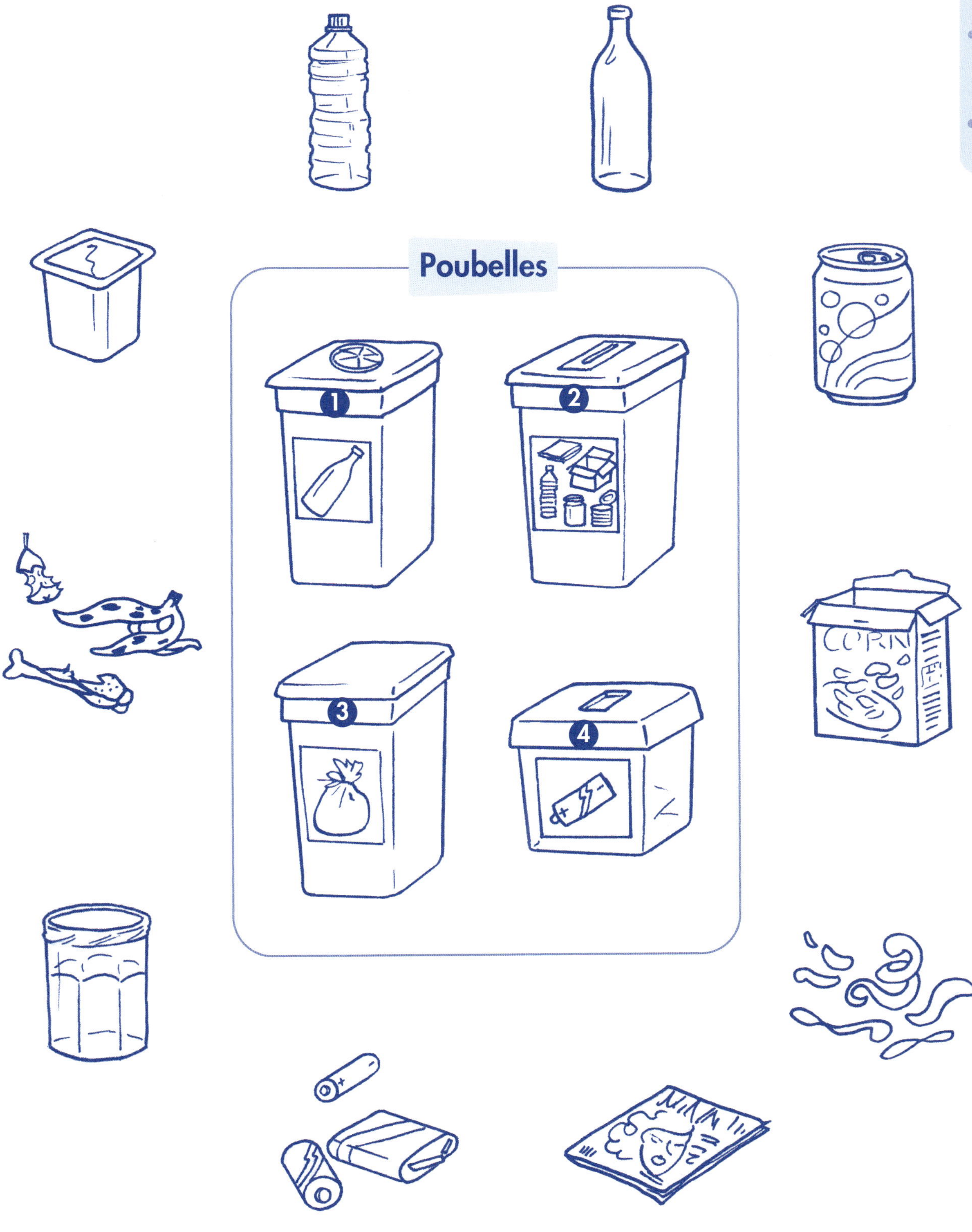

Fiche 16

L'environnement

Prénom : .... Date : ....

Le tri des déchets : dans une déchetterie

- Découpe les étiquettes-objets du bas de la page.
- Colle-les, sur le plan de la déchetterie, dans la zone de tri où tu dois les jeter.

Plan d'une déchetterie

Prénom : .... Date : ....

En combien de temps disparaissent les déchets ?

Combien de temps mettent ces déchets pour se dégrader dans la nature ?

- **Découpe les étiquettes de la fiche 2b, qui représentent des êtres vivants : chacun correspond à une durée de vie.**
- **Colle le bon nombre d'étiquettes en face de chaque déchet.**

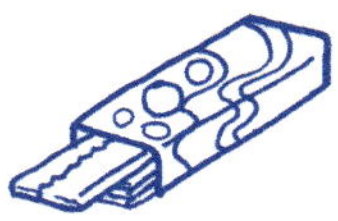

Colle ici les étiquettes.

Colle ici les étiquettes.

Colle ici les étiquettes.

Colle ici les étiquettes.

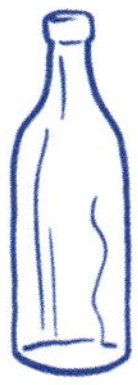

Colle ici les étiquettes.

Colle ici les étiquettes.

Colle ici les étiquettes.

Fiche 2b

L'environnement

Prénom : .... Date : ....

En combien de temps disparaissent les déchets ?

Découpe ces étiquettes pour les coller sur la fiche 2a.

Durée de vie de 1 mois :

Durée de vie de 1 an :

Durée de vie de 10 ans :

Durée de vie de 100 ans :

Durée de vie de 1000 ans :

Prénom : .... Date : ....

Le carnet du petit écologiste : à la maison

À LA MAISON	 Je préserve l'énergie.				 J'économise l'eau.			
	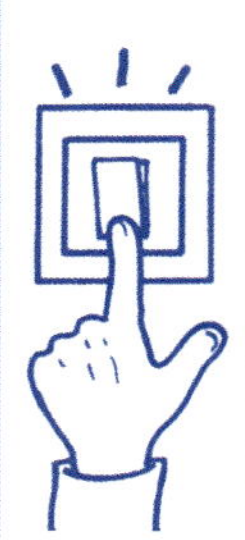							
lundi								
mardi								
mercredi								
jeudi								
vendredi								
samedi								
dimanche								

À LA MAISON	 Je trie les déchets.						

lundi							
mardi							
mercredi							
jeudi							
vendredi							
samedi							
dimanche							

Prénom : .... Date : ....

Le carnet du petit écologiste : à l'école

À L'ÉCOLE	Je préserve l'énergie.			J'économise l'eau.	
	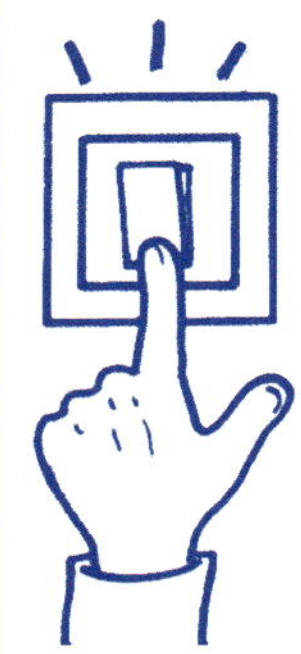				
lundi					
mardi					
jeudi					
vendredi					

À L'ÉCOLE	Je trie les déchets.				Je ne pollue pas mon environnement.	

lundi						
mardi						
jeudi						
vendredi						

Prénom : .... Date : ....

Le carnet du petit écologiste : dans la nature

DANS LA NATURE	 Je préserve l'énergie.			

lundi				
mardi				
mercredi				
jeudi				
vendredi				
samedi				
dimanche				

DANS LA NATURE	 Je ne pollue pas mon environnement.		

lundi			
mardi			
mercredi			
jeudi			
vendredi			
samedi			
dimanche			

Prénom : .... Date : ....

Vivant ou non vivant ?

❶ Dans la colonne de gauche, colorie en vert ce qui correspond uniquement au vivant.

❷ Relie chaque objet ou animal de la colonne de droite aux critères qu'il possède dans la colonne de gauche.

❸ Maintenant, colorie en vert les êtres vivants, en rouge ceux qui ne le sont pas.

Je grandis.

Je me nourris.

Je bouge.

Je nais.

Je produis des sons.

Prénom : .... Date : ....

Du début de la vie à l'âge adulte

Colle les images de la fiche 5b en classant chacun de ces êtres vivants du plus jeune au plus vieux.

Prénom : .... Date : ....

Du début de la vie à l'âge adulte

Découpe ces étiquettes pour les coller sur la fiche 5a.

Découpe ces étiquettes pour les coller sur la fiche 5a.

Prénom : .... Date : ....

Je classe les petits animaux

- Découpe les étiquettes du bas de la page.
- Colle-les au bon endroit dans ce schéma, en utilisant les informations des dessins.

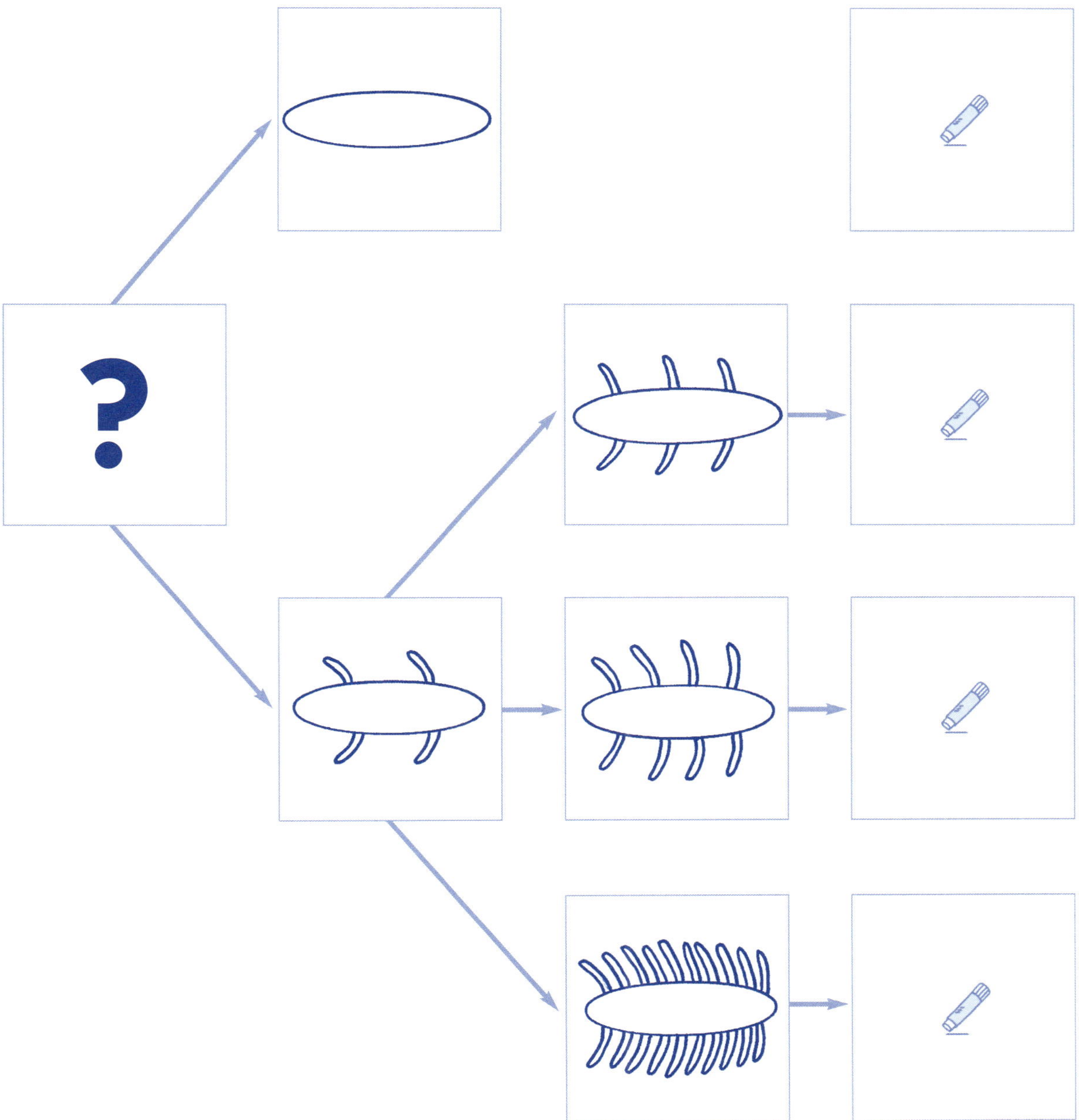

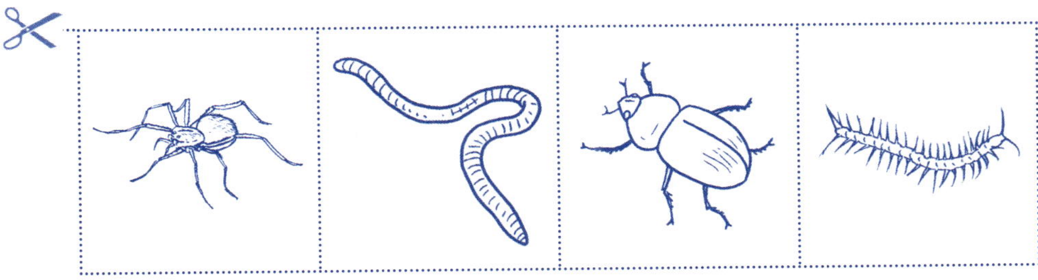

Fiche 6b

Le monde du vivant

Prénom : .... Date : ....

Je classe les petits animaux

Parmi ces dessins, colorie en rouge les insectes , en marron les araignées , en jaune le ver  et en bleu les mille-pattes .

Attention, compte bien les pattes !

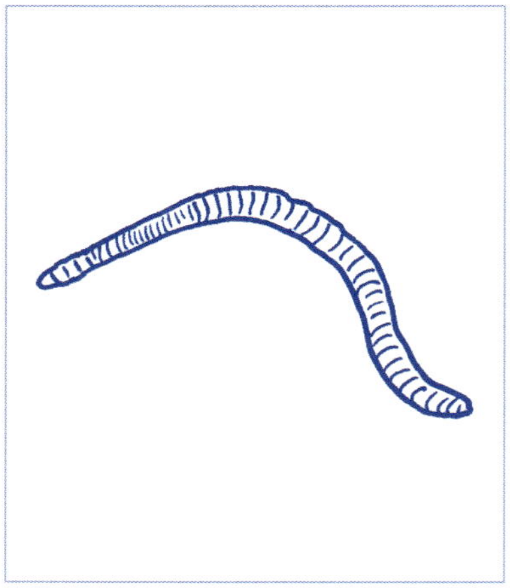

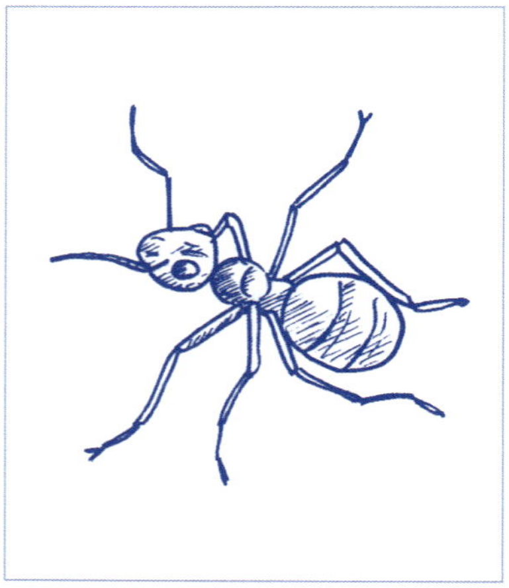
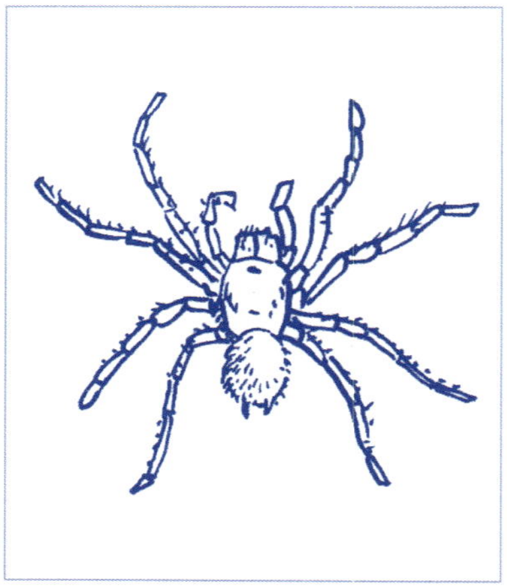
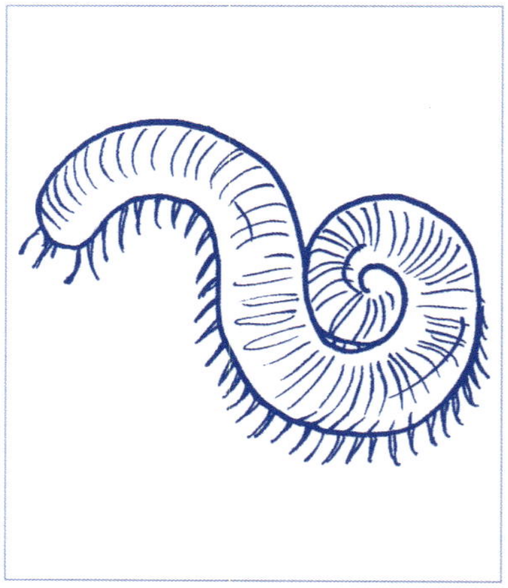
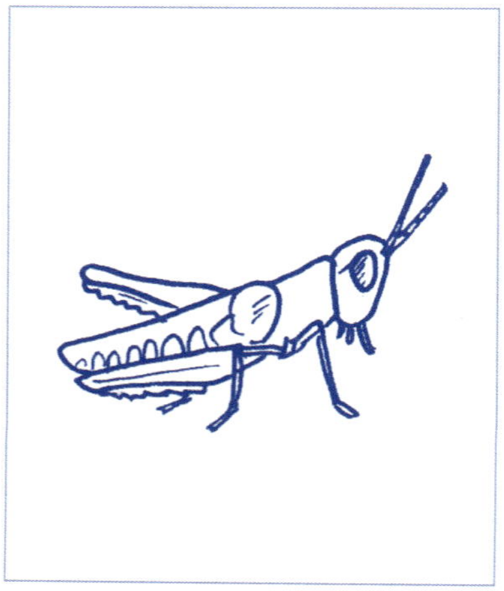
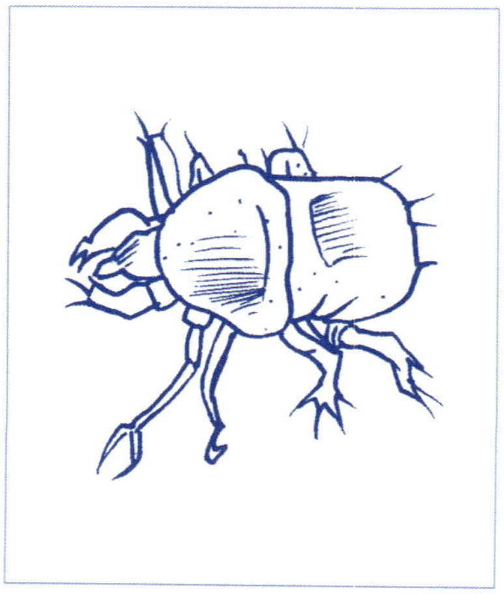
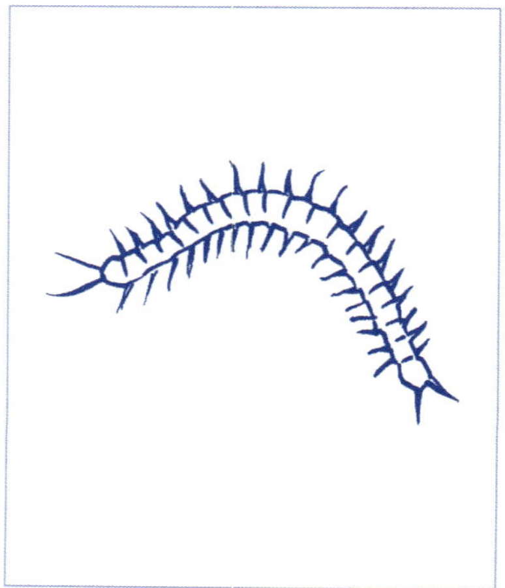

Prénom : .... Date : ....

Comment se déplacent les animaux ?

❶ **Dans la colonne de gauche, entoure les différents déplacements représentés par les silhouettes : *marcher* (= *courir*) en marron, *sauter* en rouge, *ramper* en vert, *voler* en jaune, *nager* en bleu.**

❷ **Relie chaque animal au(x) mode(s) de déplacement qu'il utilise.**

sauter

ramper

marcher
(ou courir)

nager

voler

Prénom : .... Date : ....

Les différentes parties d'une plante

❶ **Relie chaque partie de plante à l'endroit où elle se trouve sur le cerisier et le pissenlit.**

❷ **Colorie les parties communes aux 2 végétaux.**

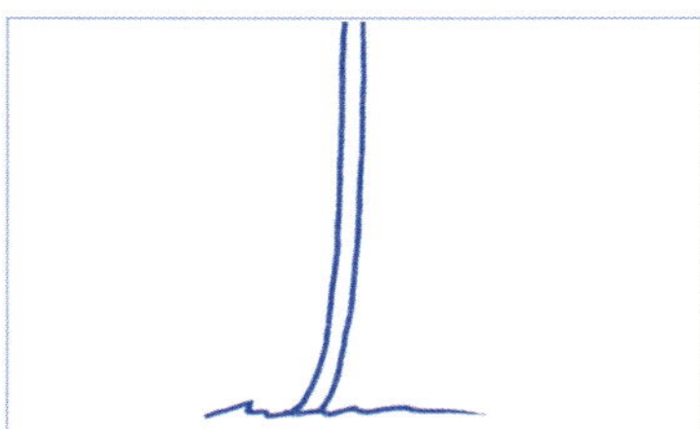

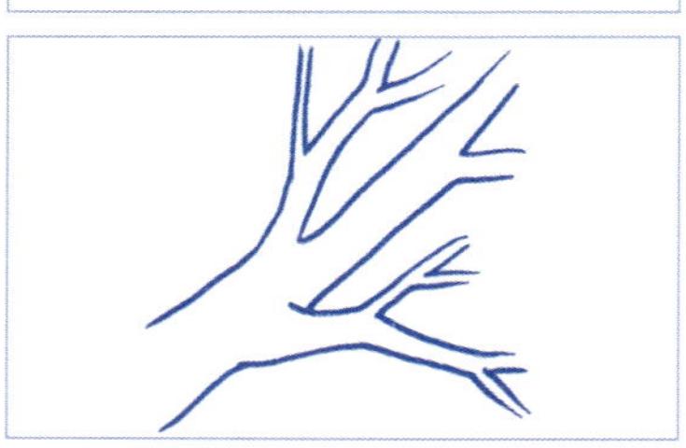

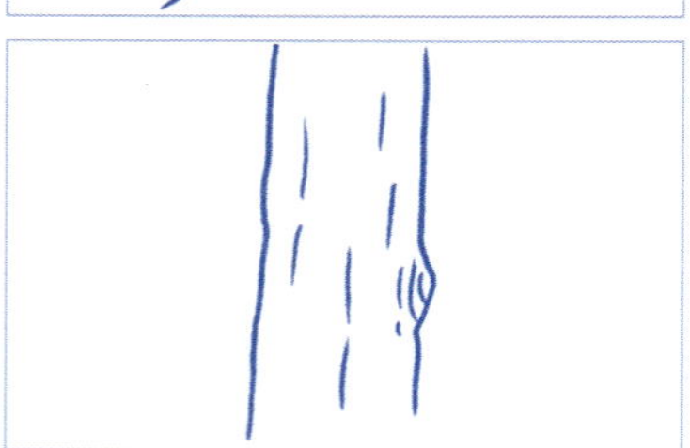

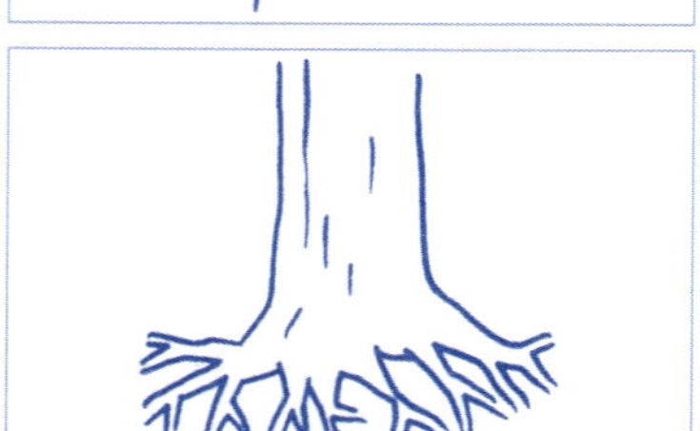

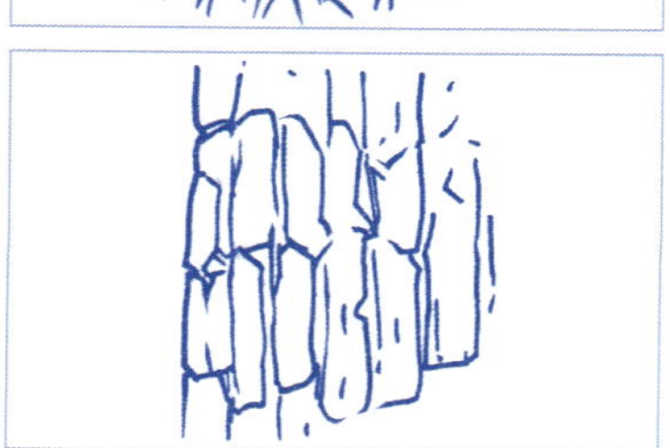

cerisier

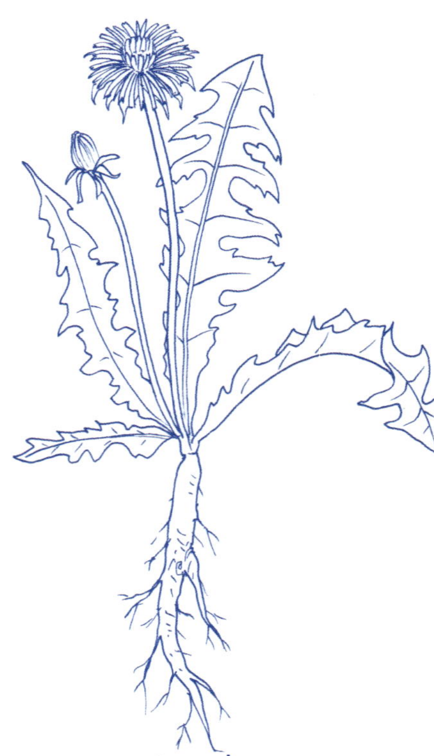

pissenlit

Prénom : .... Date : ....

Les différentes formes de feuilles

Observe les formes de feuilles dessinées ici et relie-les aux bonnes photos d'arbres.

Platane

feuille découpée

Chêne

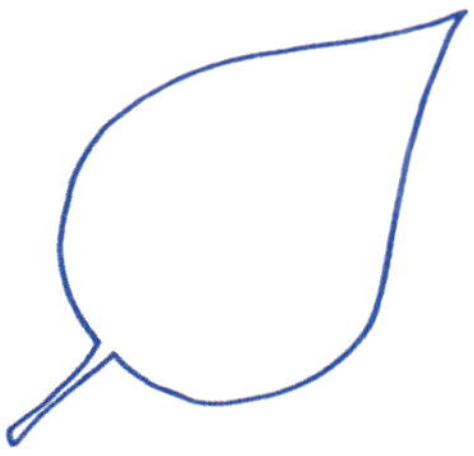
feuille simple

Érable

Tilleul

feuille lobée

Robinier

feuille composée

Hêtre

Prénom : .... Date : ....

À qui est-ce ?

- **Découpe les étiquettes du bas de la page.**
- **Pour chaque être vivant, colle dans sa case les marques qu'il a laissées dans la nature.**

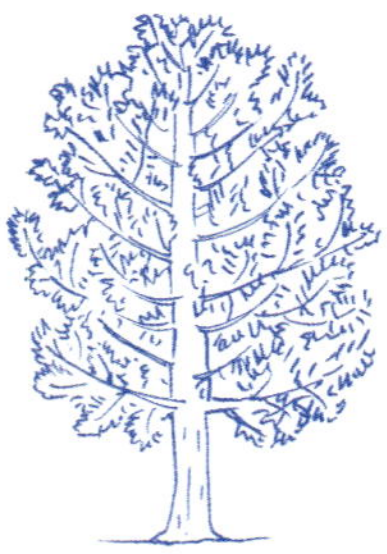

Prénom : .... Date : ....

La graine de haricot

❶ Entoure l'embryon qui se trouve dans la graine.

❷ Sur la graine, colorie :
- en marron les réserves ;
- en bleu la future tige ;
- en vert les futures feuilles ;
- en jaune la future racine.

❸ Sur la plante, colorie :
- en vert les feuilles ;
- en bleu la tige ;
- en jaune la racine.

La graine

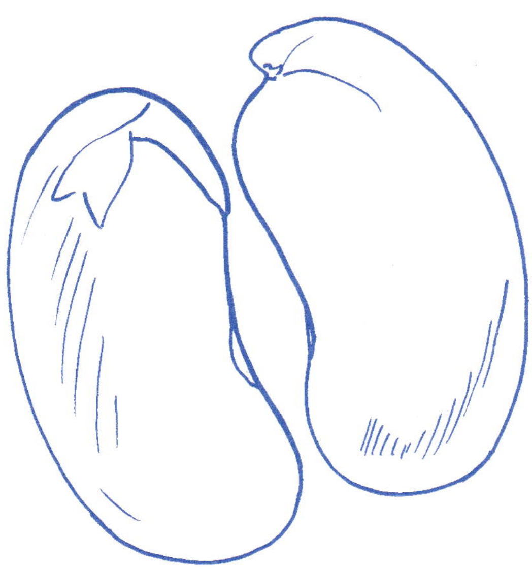

Le plant de haricot

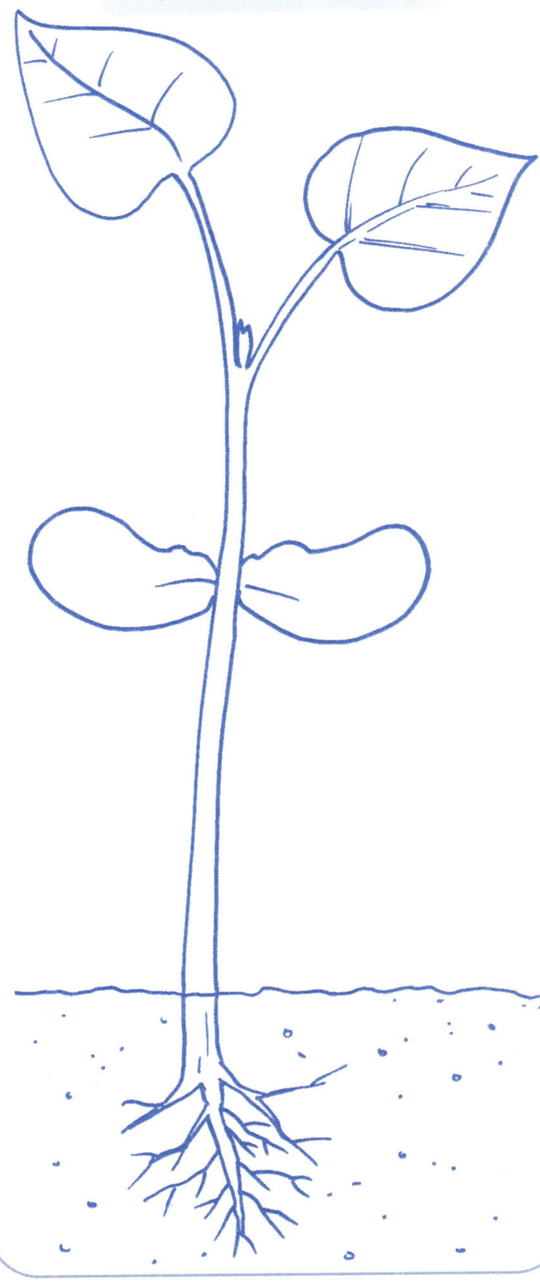

Prénom : .... Date : ....

Quelle plante pour cette graine (ou ce fruit) ?

Relie chaque graine ou fruit à la plante correspondante.

Trace un trait marron pour l'arbre  et un trait vert pour les autres plantes  .

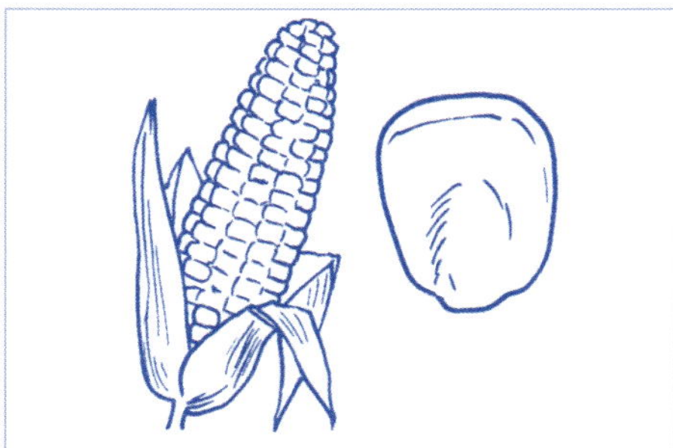

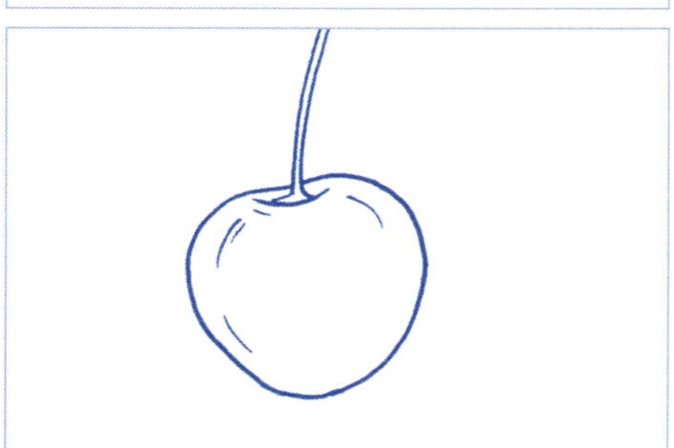

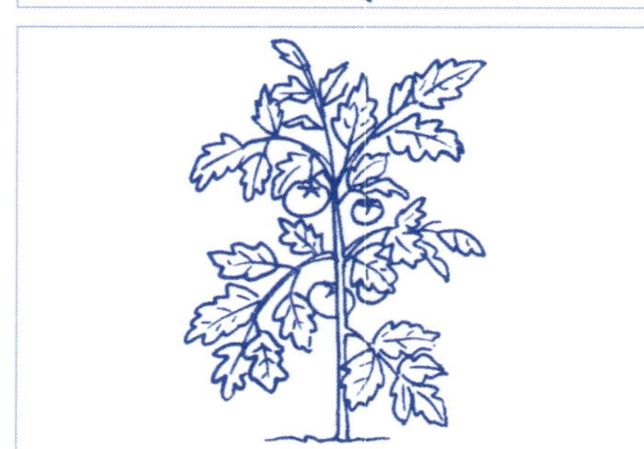

Prénom : .... Date : ....

Quelle plante pour cette graine (ou ce fruit) ?

Dans la colonne de gauche, entoure en marron les arbres  , en jaune les arbustes  , en vert les autres plantes  .

Relie d'une même couleur chaque plante à la graine ou au fruit qu'elle produit.

Prénom : .... Date : ....

Les graines voyagent

❶ **Relie chaque graine à son moyen de transport.**
❷ **Colle les graines que tu as trouvées dans la bonne case.**

Graines à coller.

Graines à coller.

Graines à coller.

Graines à coller.

Prénom : .... Date : ....

Les végétaux ont besoin de lumière pour grandir

❶ Fabrication du labyrinthe à pomme de terre

Voici le matériel nécessaire :

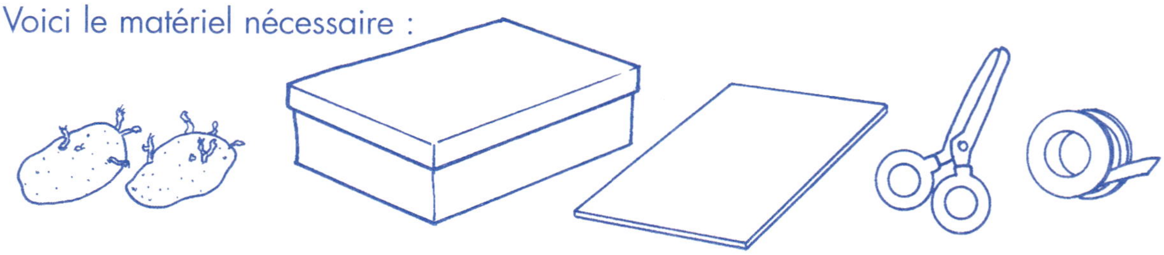

Voici l'expérience à réaliser :

❷ Réalisation de la feuille zèbre

Voici le matériel nécessaire :

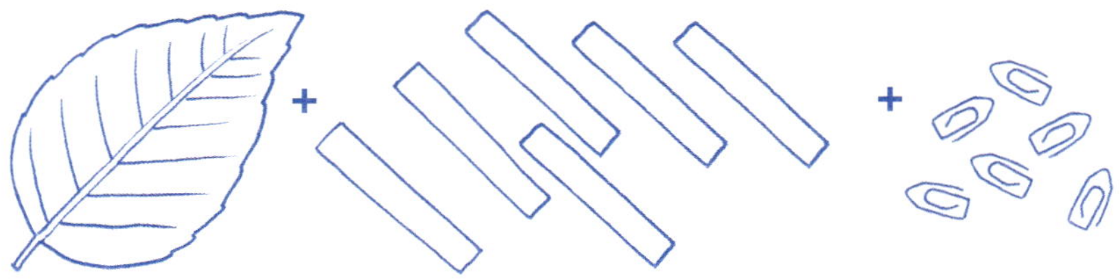

Voici l'expérience à réaliser :

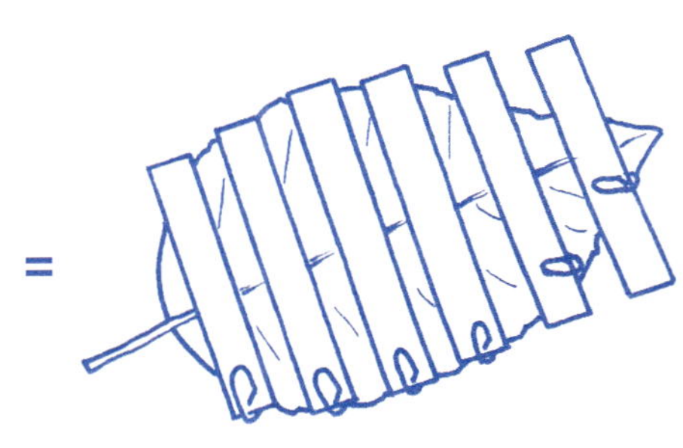

Prénom : .... Date : ....

Les végétaux ont besoin de lumière pour grandir

❶ Le labyrinthe à pomme de terre.
Dessine la tige de la pomme de terre que tu as observée pour chacune des 2 expériences.

A. Pomme de terre cachée	**B.** Pomme de terre non cachée
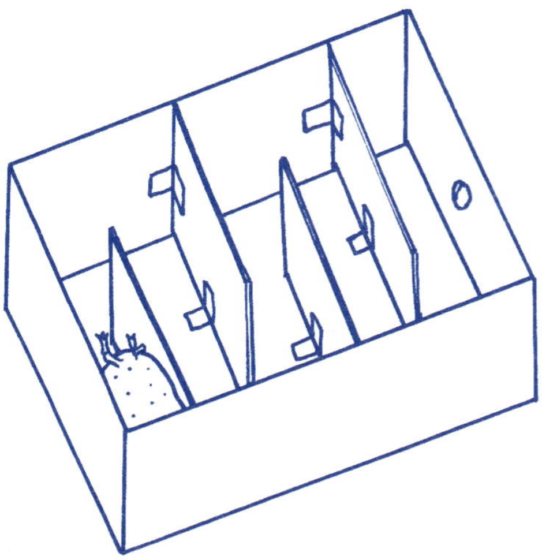	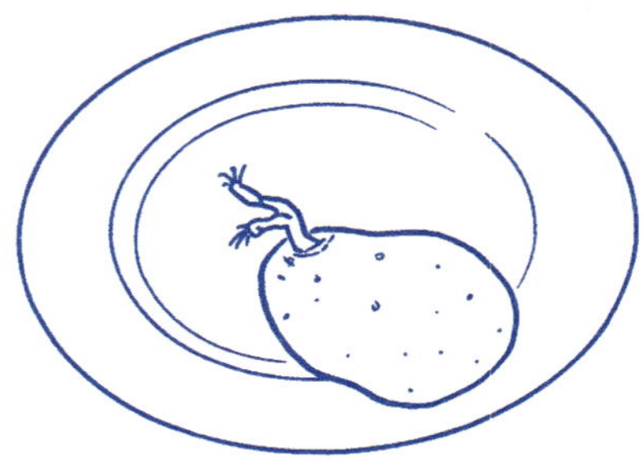

❷ La feuille zèbre.
Colorie, en utilisant les bonnes couleurs, les 2 feuilles que tu as observées : la feuille cachée par les bandes de papier et la feuille normale.

A. Feuille cachée	**B.** Feuille normale
	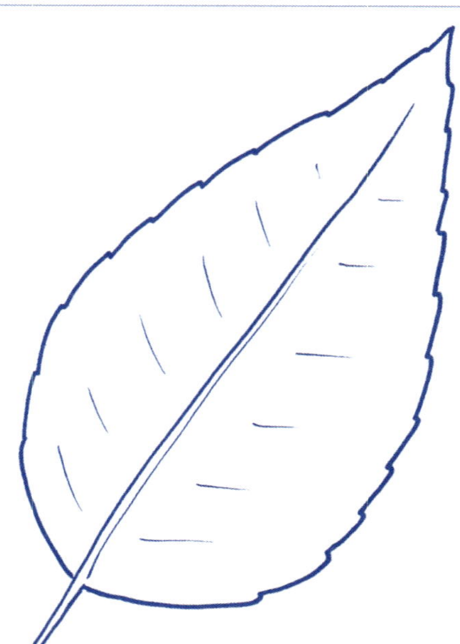

Prénom : ....   Date : ....

Qui vit dans la forêt et dans la mare ?

Colle les étiquettes des différents animaux et végétaux (fiche 15b) dans l'image qui représente le milieu où ils vivent.

La forêt

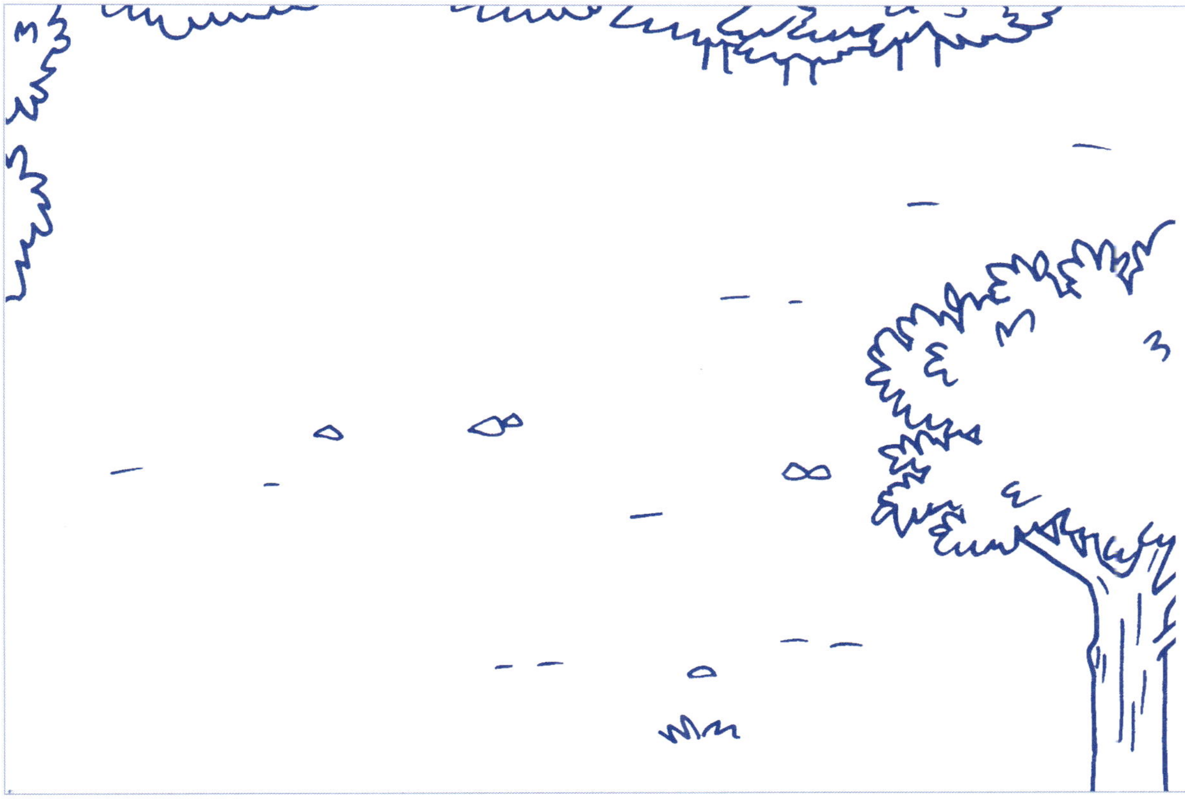

La mare

Prénom : .... Date : ....

Qui vit dans la forêt et dans la mare ?

Découpe ces étiquettes pour les coller sur la fiche 15a.

Découpe ces étiquettes pour les coller sur la fiche 15a.

Prénom : .... Date : ....

À quoi servent les différentes parties de notre corps ?

❶ Retrouve les différentes parties de ton corps et nomme-les.

❷ Colorie chaque dessin en :

bleu

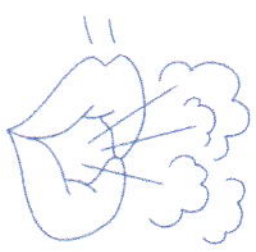

rouge

jaune

vert

❸ À l'aide des dessins ci-dessus, colorie les différentes parties du corps de l'enfant en fonction du rôle qu'elles jouent.

Prénom : .... Date : ....

Les principaux organes de notre corps

❶ **Dessine dans le corps ci-dessous les organes que tu connais.**

❷ **Maintenant, découpe les étiquettes de la fiche 17b et colle ces différents organes dans le corps ci-dessous.**

Prénom : .... Date : ....

Les principaux organes de notre corps

Découpe ces dessins, en suivant bien les pointillés, pour les coller sur la fiche 17a.

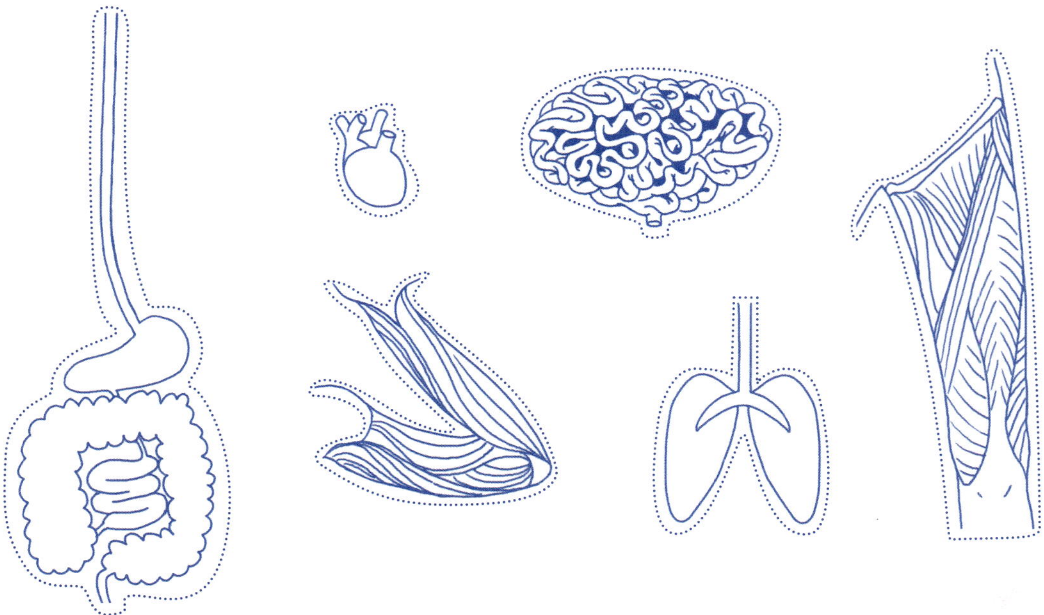

Découpe ces dessins, en suivant bien les pointillés, pour les coller sur la fiche 17a.

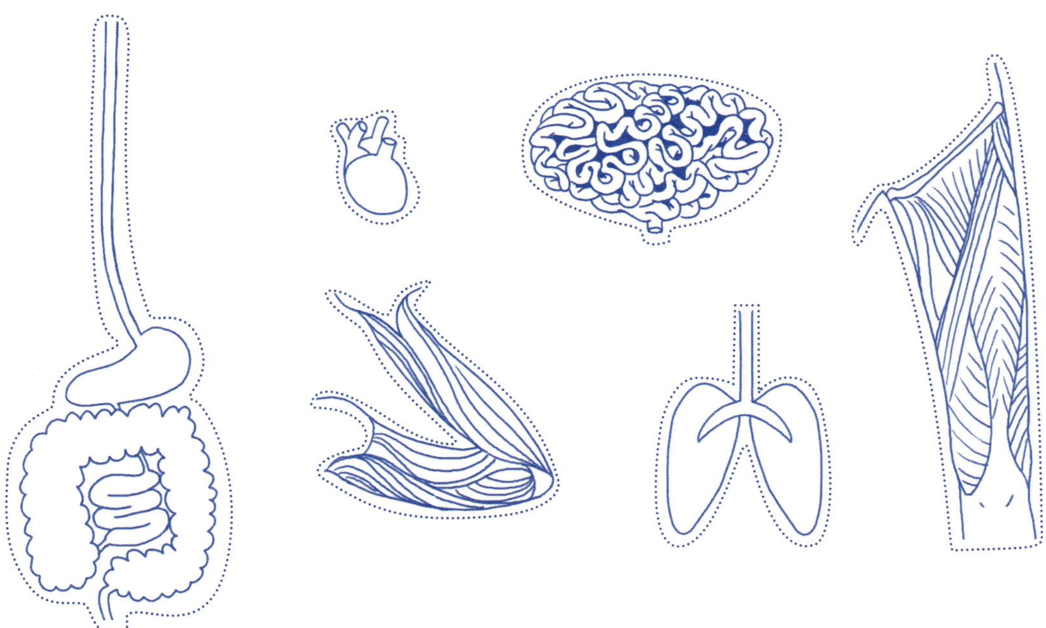

Prénom : .... Date : ....

À quoi servent nos principaux organes ?

Relie chaque organe du corps au rôle qu'il joue.

Organes

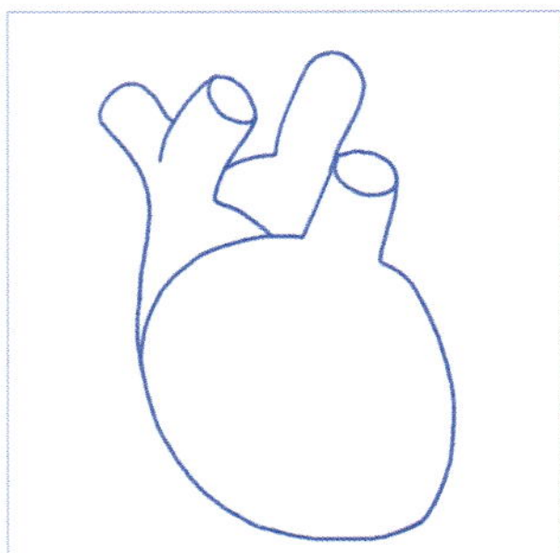

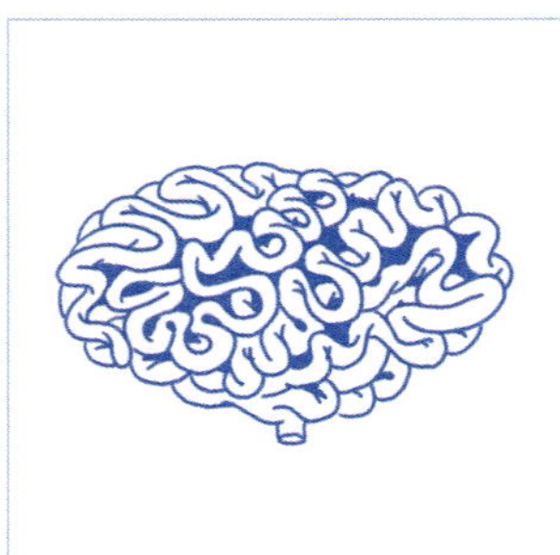

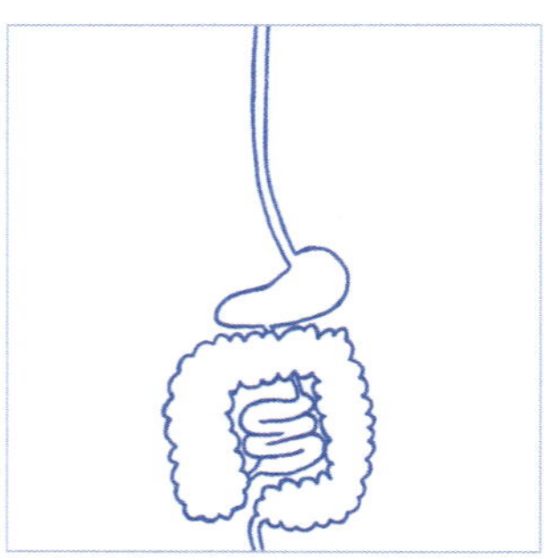

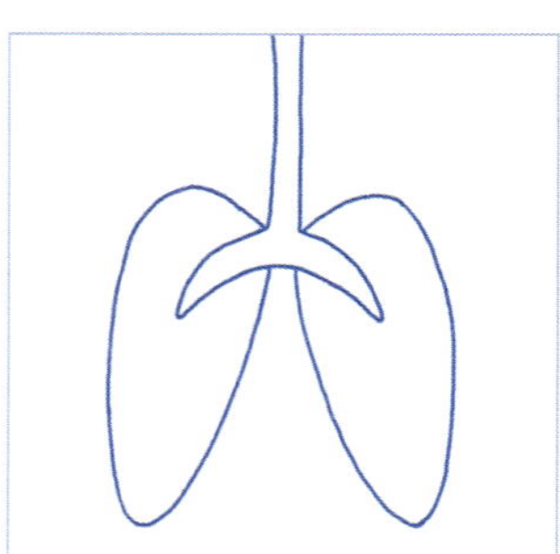

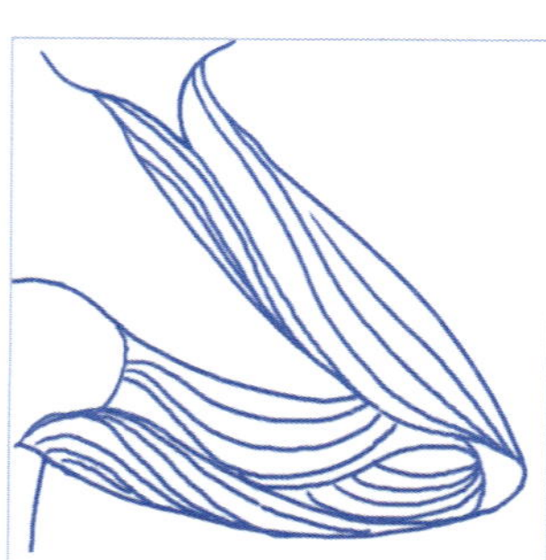

Rôles

Prénom : .... Date : ....

Cinq sens pour découvrir le monde

Pour chaque objet, coche la (ou les) case(s) correspondant aux sensations qu'il provoque.

Sensations / Objets	SENTIR 	ENTENDRE 	VOIR 	GOÛTER 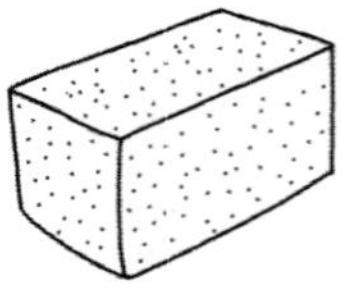	TOUCHER 

Prénom : .... Date : ....

Cinq sens pour découvrir le monde

Pour chaque objet, coche la (ou les) case(s) correspondant aux sensations qu'il provoque.

Sensations / Objets	SENTIR 	ENTENDRE 	VOIR 	GOÛTER 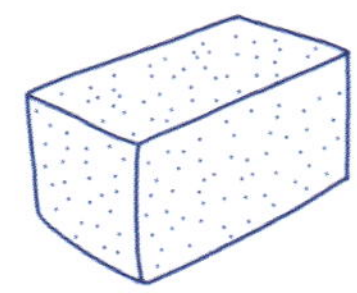	TOUCHER 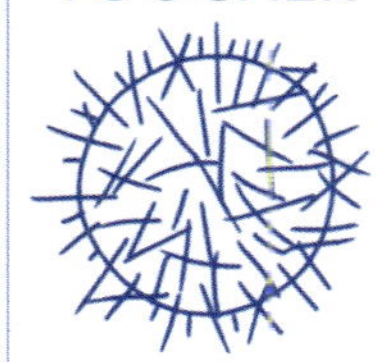
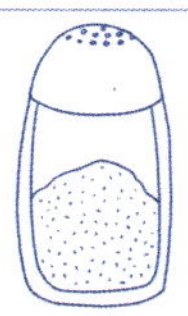					
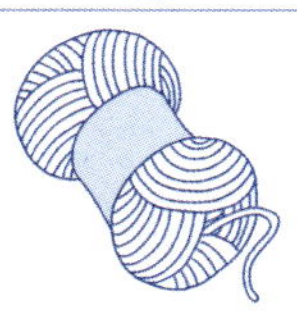					

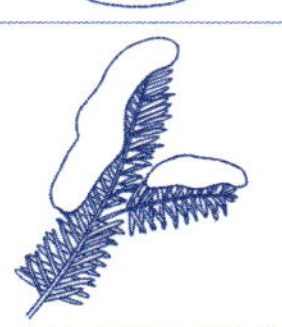					

Prénom : .... Date : ....

Cinq sens pour découvrir le monde

1 • Relie chaque sensation à l'organe (sur le personnage) qui permet de la reconnaître.
• Colorie chacun des organes d'une couleur différente.

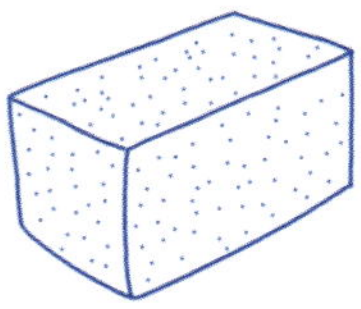
goûter

sentir

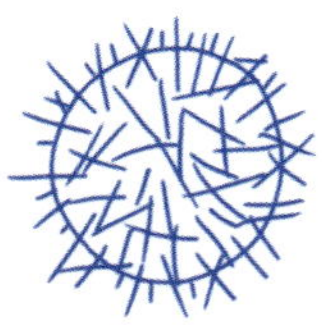
toucher

voir

entendre

2 Découpe les étiquettes du bas de la page et colle-les dans les bonnes cases de ce tableau.

Sensation	Organe	Sens
SENTIR		ODORAT
	OREILLES	OUÏE
VOIR		
GOÛTER	LANGUE	
TOUCHER		TOUCHER

ENTENDRE	NEZ	VUE
MAINS	GOÛT	YEUX

Prénom : .... Date : ....

Jouons avec nos sens !

Pour chaque image, trouve le (ou les) sens utilisé(s) par l'enfant, puis coche la (ou les) bonne(s) case(s).

1

2

3

4

5

6

7

8

Prénom : .... Date : ....

Le jeu des odeurs

❶ **Sens l'odeur contenue dans chacune des 7 boîtes.**
❷ **Relie ensuite chaque boîte au dessin correspondant à l'odeur sentie.**

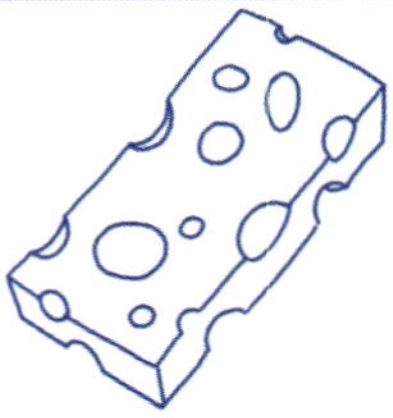

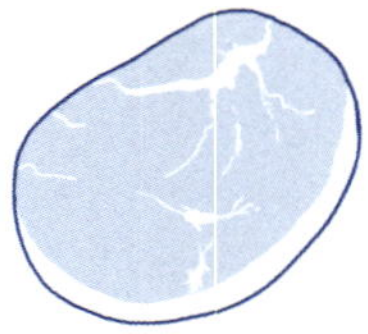

Prénom : .... Date : ....

Que « sent » la main ?

En face de chaque objet que tu as touché, dessine dans le rond ce que ta main t'a permis de « sentir » : le chaud et le froid **, la forme des objets** **, leur aspect (doux ou piquant)**  **.**

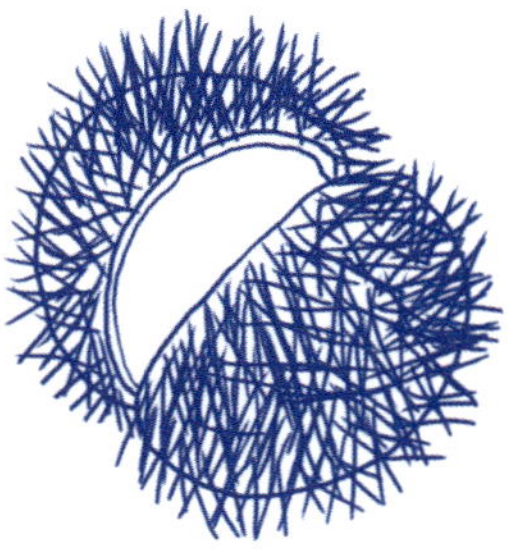

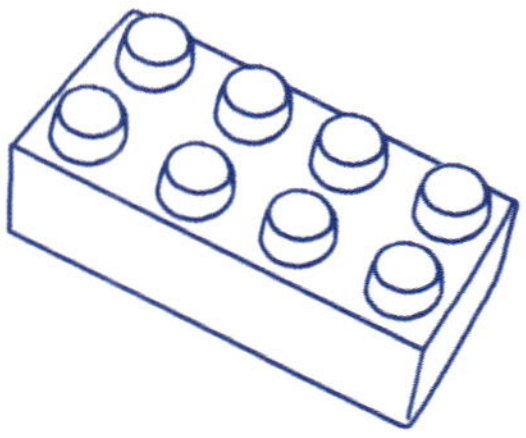

Prénom : .... Date : ....

Des jeux de visions

Les traits des carrés sont droits.

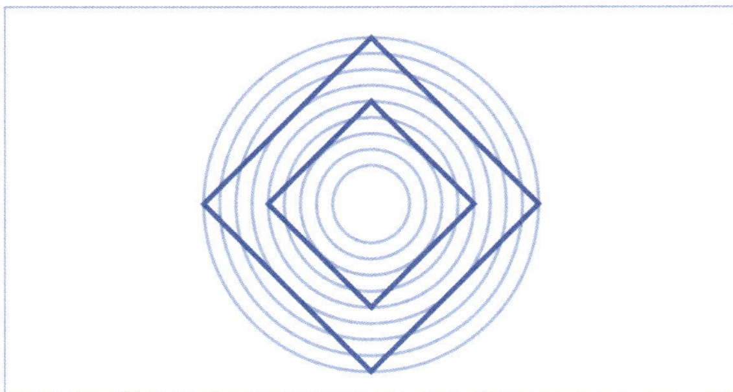

Je vois :

Je vérifie :

Le rond noir 1 est plus grand que le 2.

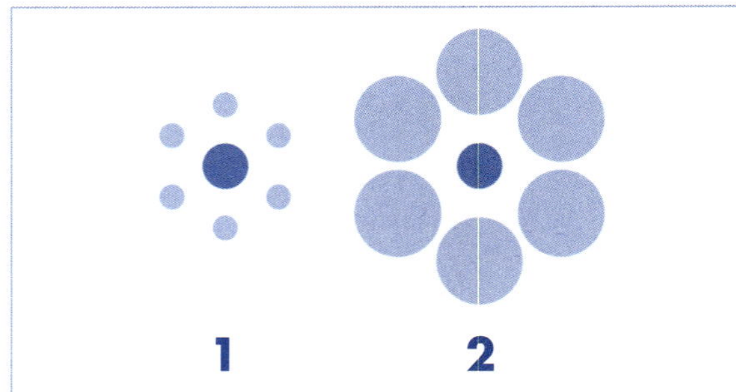

Je vois :

Je vérifie :

Les lignes grises (horizontales) sont droites.

Je vois :

Je vérifie :

Les lignes noires (verticales) sont droites.

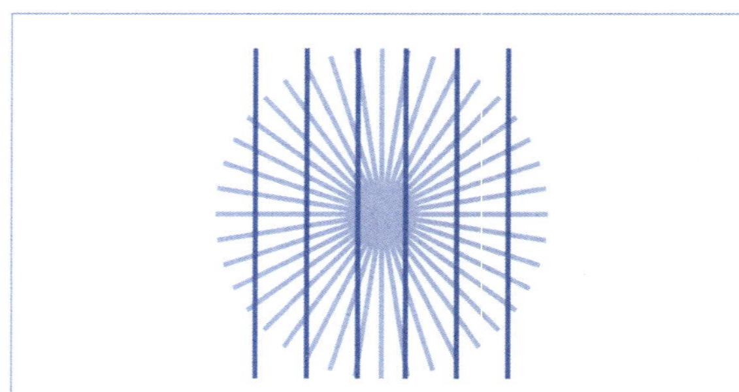

Je vois :

Je vérifie :

Le dessin 1 est plus petit que le 2.

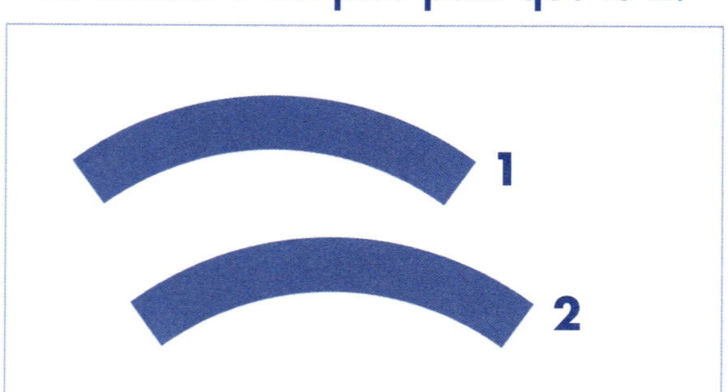

Je vois :

Je vérifie :

La ligne 1 est plus grande que la 2.

Je vois :

Je vérifie :

Prénom : .... Date : ....

J'utilise mes sens en forêt

❶ Chaque partie du corps représente un sens. Colorie le nez en bleu, l'œil en marron, l'oreille en vert, la langue en rouge, la main en jaune.

❷ • Trouve quel sens te permet de repérer en forêt ce qui est grisé dans l'image.
• Pour chaque dessin grisé, choisis la couleur qui correspond au sens que tu as utilisé pour le repérer et entoure-le de cette couleur.

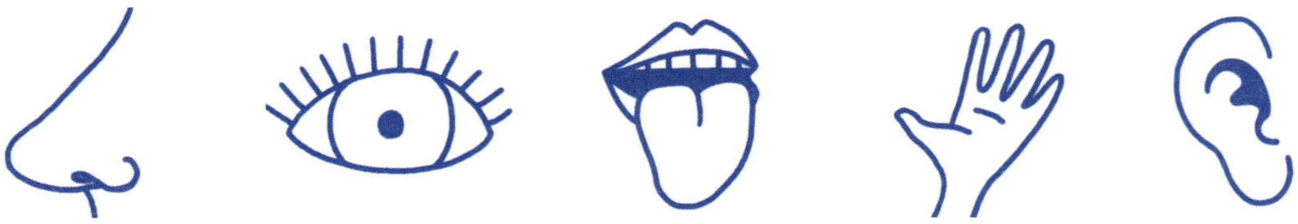

nez œil langue main oreille

Prénom : .... Date : ....

L'eau se transforme

1 Relie chaque dessin à l'état de l'eau qui lui correspond.

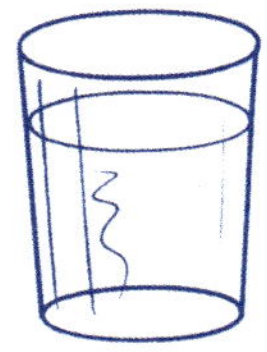

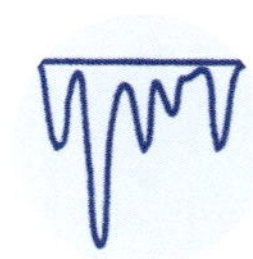
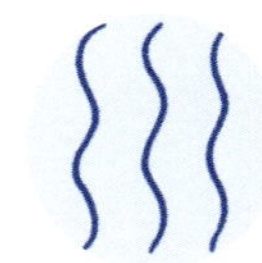

2 Réalise ces expériences et dessine ici les résultats.

L'eau liquide	
A	B
	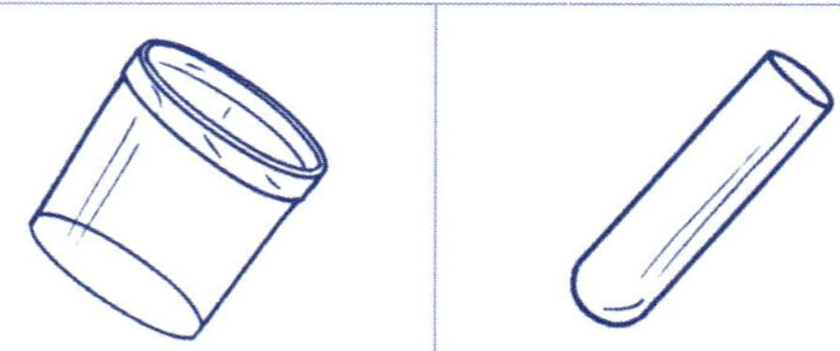

L'eau solide	
A	B
	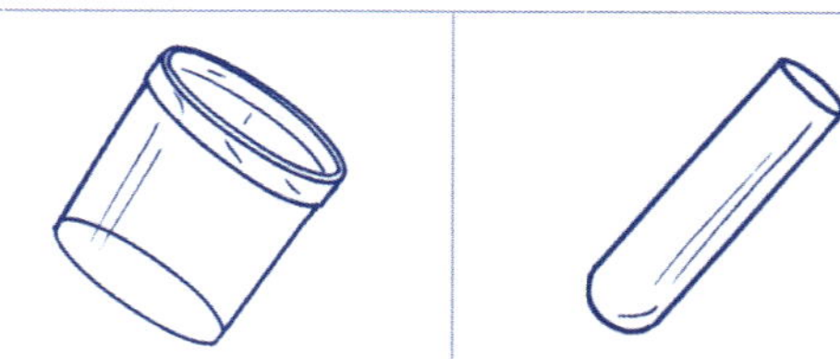

3 Pour chaque situation, dessine l'une de ces images qui correspondent aux 3 états de l'eau : liquide, gazeux, solide.

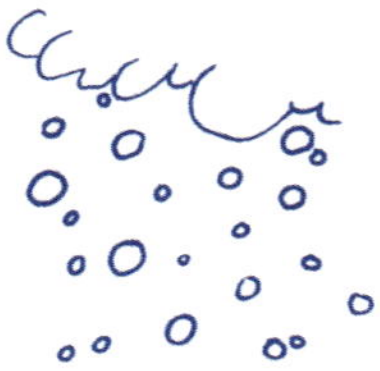

Prénom : .... Date : ....

L'eau et les liquides

❶ Quel est le liquide qui disparaît le plus vite ?
Numérote 1 celui qui disparaît en premier, 2 celui qui est deuxième, puis 3 celui qui ne disparaît pas.

....	....	....

❷ • Sens les 3 boîtes.
• Relie chacune de ces boîtes à la bonne bouteille.

❸ Dessine et colorie le résultat de chacune de tes expériences.

❹ Donne ta conclusion en traçant = ou ≠ entre les bouteilles.

Prénom : .... Date : ....

Air, eau, huile : plus lourd, plus léger ?

Après avoir réalisé ces expériences, complète la fiche avec les bons dessins :

 **pour l'eau,**  **pour l'air,**  **pour l'huile.**

Expérience 1 : le verre d'eau

A	B

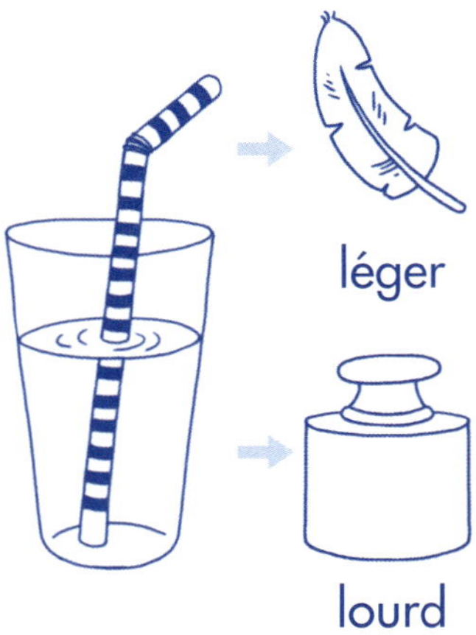

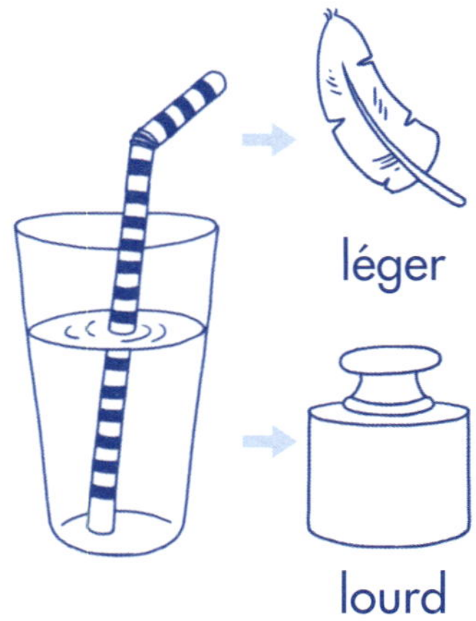

Expérience 2 : le verre d'huile

A	B

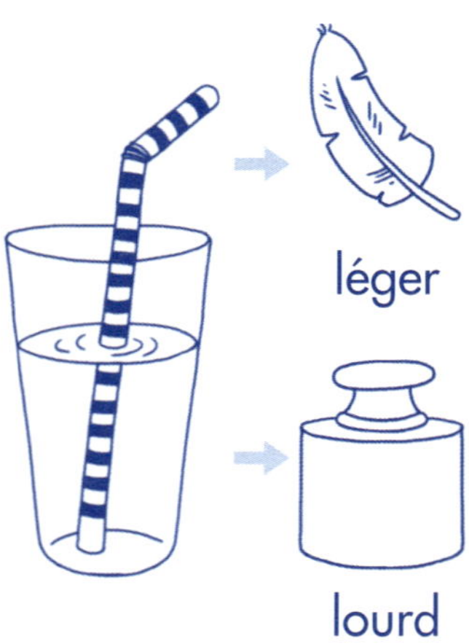

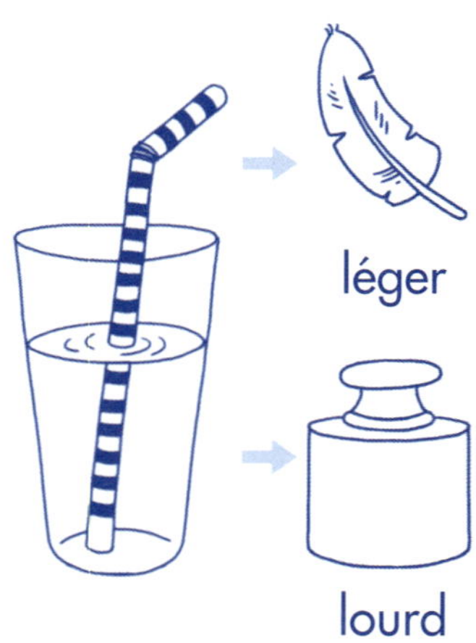

Conclusion

1. poids lourd
2. poids moyen
3. poids léger

Prénom : .... Date : ....

Une bonne hygiène du corps : à la maison

- **Découpe les étiquettes du bas de la page.**
- **Observe chaque situation à la maison et colle les étiquettes dans les bonnes cases.**

CE QUE JE DOIS FAIRE AVANT		CE QUE JE DOIS FAIRE APRÈS

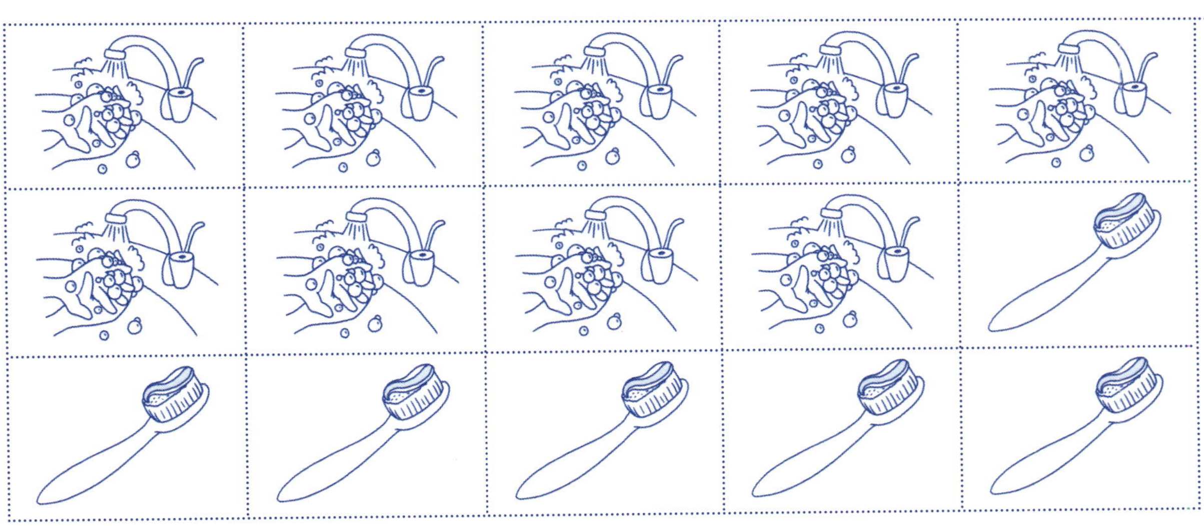

Prénom : .... Date : ....

Une bonne hygiène du corps : à l'école

- **Découpe les étiquettes du bas de la page.**
- **Observe chaque situation à l'école et colle les étiquettes dans les bonnes cases.**

CE QUE JE DOIS FAIRE AVANT		CE QUE JE DOIS FAIRE APRÈS

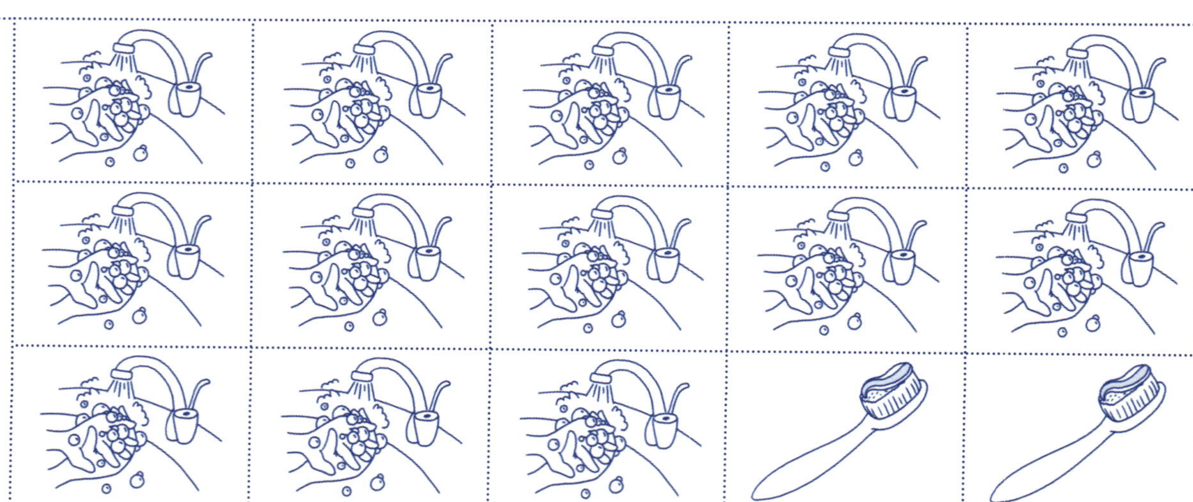

Prénom : .... Date : ....

Bien manger !

Colle chaque étiquette-aliment de la fiche 29c dans le rectangle qui lui correspond.

Les boissons

Les laitages

Les fruits et légumes

Les viandes, poissons et œufs

Les féculents et produits sucrés

Les matières grasses

Fiche 29b

Règles d'hygiène et de sécurité

Prénom : ....   Date : ....

Bien manger !

❶ **Dessine ce que tu as mangé au cours d'une journée.**

❷ **Colle les étiquettes de la fiche 29c pour faire des repas équilibrés.**

	❶ CE QUE J'AI MANGÉ	❷ CE QUE JE DOIS MANGER

Prénom : .... Date : ....

Bien manger !

Découpe ces étiquettes pour les coller sur les fiches 29a et 29b.

Prénom : .... Date : ....

À la maison, je fais attention…

Entoure en rouge les dangers ! qui sont visibles dans chaque pièce de la maison.

La cuisine

Le salon

La chambre

La salle de bains